SV

Übrig geblieben sind ihr nur ein Briefumschlag mit einer Hand-voll Fotografien und die Angst vor dem Vater, die Sorge um ihre Mutter und ihren Bruder, die Knoten in ihrer Brust. Seka sucht mit Anfang zwanzig nach den Spuren ihrer zerbrochenen Familie und ihres bisherigen Lebens. Sie rekonstruiert den Weg ihrer El-tern aus Bosnien in die Schweiz und fragt nach den Verbindungen, den Fäden zu ihr. Dabei stößt sie auf das Gefangenenlager in Omarska in den 90er Jahren und einen Brief, der sie weiter nach Den Haag und Genf führt, später ins Berner Oberland. Und sie stellt fest, dass in Omarska heute Erz in den Minen abgebaut wird, als hätte es die Geschichte nicht gegeben, die eines fast schon vergessenen Krieges in Europa. Dabei wirken die Versehrungen der Vergangenheit bis in die Gegenwart fort.

Mina Hava, geboren 1998, studierte Globalgeschichte und Wissen-schaftsforschung an der Eidgenössischen Technischen Hochschule in Zürich sowie Literarisches Schreiben am Deutschen Literatur-institut in Leipzig. *Für Seka* ist ihr Debütroman.

Mina Hava
FÜR SEKA

Roman

Suhrkamp

Erste Auflage 2023
Originalausgabe
© Suhrkamp Verlag AG, Berlin, 2023
Alle Rechte vorbehalten. Wir behalten uns auch eine Nutzung
des Werks für Text und Data Mining im Sinne von § 44b UrhG vor.
Umschlaggestaltung: Anzinger und Rasp, München
Satz: Satz-Offizin Hümmer GmbH, Waldbüttelbrunn
Druck: GGP Media GmbH, Pößneck
Printed in Germany
ISBN 978-3-518-43111-5

www.suhrkamp.de

FÜR SEKA

ALS DIE Gräber rund um Omarska ausgehoben wurden und die ersten Prozessberichte in den Zeitungen zu lesen waren, lernte Seka südlich der Jurakette in einer Schwimmhalle mit großer Rutsche, die in weitem Bogen nach draußen in die Kälte und wieder zurück ins warme Innere führte, zu schwimmen, wobei sie mit lautem Geschrei ins Wasser sprang und so lange nicht mehr auftauchte, bis hinter ihr jemand in ihren Rücken zu springen drohte. Sie lernte, die Augen im Wasser zu öffnen und die Luft anzuhalten, und merkte bald, während sie ihre Beine unter Wasser beobachtete, wie sie ihr linkes Bein etwas falsch ausschlug, sodass sie in Folge erhebliche Mühe aufwand, diese Gewohnheit, die Art, wie sie zu schwimmen gelernt hatte, zu überwinden. Sie fürchtete, man würde ihr den Fehler ansehen, und schwamm deswegen langsam, konzentriert und war schnell außer Atem. In Mund und Nase drang das mit Chlor angereicherte Wasser, das sie in großen Mengen schluckte, sodass ihr im Anschluss der Magen schmerzte, und die geröteten Augen kamen erst zur Ruhe, wenn sie unter Ausschluss anderer Blicke in der Kabine im Umkleideraum für einen Moment die Lider schloss.

Es war gleichgültig geworden, was man trug und wer man war. Eingebunden in den Körper, in die Haare, deren Enden, die Spitzen, in die nächste Generation und ihre Gebärden war dasjenige, was mit den Jahren in ihm gehütet und mit den Bewegungen, die den Körper beschäftigten, still gestellt worden war: wohl eine Art Schmerz. Seka sah ihn ihrer Familie an. Die Frauen hatten sich der Kleidung im Laufe der Jahre und Moden nicht entledigt. Sie hatten sie weitergetragen oder in Kisten aufbewahrt und wieder hervorgeholt, die Haarfarbe gewechselt, den Ansatz nicht mehr nachgefärbt und an Eitelkeit verloren. Sie nannten es nicht Befreiung, sagten stattdessen, es sei nun mal, wie es sei, sagten, man habe im Leben gelernt, Schmerzen zu erdulden, habe aushalten müssen, was nicht auszuhalten sei, sagten, man habe sich abends in der Garage versteckt, beim Schuppen gestanden und geweint.

Gab man im Internet »Omarska« als Suchanfrage ein, kamen Einträge vom Gefangenenlager, schließlich der Link von Tripadvisor für die besten Hotels in der Nähe des Bahnhofes.

Im Internet wurden Zimmer für den Sommer ausgeschrieben, für die Rückkehrer.

Für diejenigen, die in der Schweiz, in Australien, in den USA, in Österreich lebten und nach dem Krieg mit ihren Löhnen selbst noch Häuser bauten für die Sommer, die Familie, die Kinder, damit sie wissen, so sagten ihre Eltern, woher sie kommen, ihre Herkunft kennen, ihren Platz in der Welt.

Die Welt: der Pool in Kozarac, das Chlor im Haar, die erste Louis Vuitton vom Fälscher auf dem Schwarzmarkt und die Schlange am Schalter von Western Union.

Omarska verschwand, als ob es das Lager nie gegeben hätte. Aus dem Gedächtnis und der Geschichte ausgeschlossen, zerfiel es in etliche Tabs, die Seka in ihrem Browser öffnete. Lediglich ein paar lose Erinnerungen an die Sommer im Hof, die zahlreichen Käfer an der Fassade bildeten heute die Grundlage, aus der sie den Gegenstand, der ihr Leben war, herausarbeitete.

Als habe er sie zum Verschwinden gebracht, jede Einzelne von ihnen, Mutter wie Tochter, versenkt hinter den Vorhängen, den Sonnenbrillen und abgedunkelten Fenstern. Es war, dachte Seka, während sie ihrer Mutter beim Sprechen zusah, als bliebe nach all den Jahren nur noch das Bild der Bettdecke, die der Vater zurückgeworfen hatte, um sie wach zu rütteln, bevor die Sanitäter ihre Mutter aus der Wohnung trugen. Als bliebe nur noch das Versprechen, das Seka dem Vater damals gab, niemandem davon zu erzählen. So auch die Erinnerung an die Blumen, die sie noch als Kind ihrer Mutter in die Notaufnahme brachte.

Nach wie vor zurückhaltend, als sie am Lausanner Bahnhof sagte, man habe sie damals, als man ihr ein weiteres Mal den Magen ausgepumpt habe, niemals zurückschicken dürfen, nicht zu den Kindern, nicht zu ihrem Ehemann, Sekas Vater.

Bestenfalls: die Häuslichkeit der Lügen, der Bedrohung, dieses Handtuch in den Händen, eine mit Dartpfeilen zerschossene Wand.

Es folgten zwei weitere Versuche, Ereignisse dieser Art, von denen niemand wusste. Schließlich der vierte und letzte Weckruf, Amirs Tod.

Erst dann ging die Mutter.

Dem Boden gleichgemacht.

Und nahm die Kinder mit.

Da waren die im Dreck liegenden Kieferknochen, die Frage, wer wann umgekommen sei, das schon müde Tragen der Wasserflaschen.

Der für den Trans-Amazonian Highway gerodete Wald auf einer brasilianischen Briefmarke aus den 1970er Jahren.

Das Gemälde des Berges Cerro Rico bei Potosí in Bolivien aus dem frühen 16. Jahrhundert, die Silbererze, die Casa de la Moneda mit den Schmelzöfen und den Schmelztiegeln.

Die Stifte, Tragetaschen und die Aufgabe, den Gegenständen ihre Namen zu geben, sie zu ordnen nach Gestalt, Größe und Gewicht, die *Wardian cases*, mithilfe derer man die aus Übersee nach Europa geschifften Pflanzen durch die Nachbildung der vorherigen Umgebung (Temperatur, Luftfeuchtigkeit) vor dem Eingehen schützte und eine erste koloniale Umwelt nachbildete, sie in Form von Terrarien ins bürgerliche Wohnzimmer des 19. Jahrhunderts holte.

Die wiederholte Bewegung oder Nutzung natürlicher, ökonomischer oder sozialer Ressourcen (frei nach Jochen Oltmer).

Die Frage, welches Überleben den heutigen Erkundigungen vorausging.

Die mit Anmerkungen versehene Druckfahne von *Orlando* der Autorin Virginia Woolf aus dem Jahr 1928, mit mehrfach durchgestrichener Widmung und korrigierten Kommas. Ihr in den Kolonialdienst beförderter Freund und späterer Ehemann Leonard, von dem sie in ihren Tagebüchern schrieb, er könne ihr zwar Kameradschaft, Kinder und ein geschäftiges Leben geben, von dem sie noch sagte, sie liebe ihn zwar, fühle sich zu ihm körperlich aber nicht hingezogen.

Die für den schweizerischen Nationalstaat irreversible Artikulation eines »Systems« der Gastarbeiterschaft.

Die japanischen *picture brides*.

Die mit Kreide an die Wandtafel geschriebenen Worte, erst die Globalisierung schaffe Heimat, erst das Fremde das Eigene.

Die Verheiratung japanischer Frauen in Hawaii, die Auswahl der jungen Frauen anhand von Fotografien, den auf Plantagen arbeitenden Tagelöhnern (*coolies*) zur Heirat angeboten. Eine Herausbildung frühster transnationaler Gemeinschaften, einer mit Kameras festgehaltenen und heute in Archiven katalogisierten ersten Hoffnung auf ein anderes, zukünftiges Leben.

Die Bilder der Liebe als Stirn, als Hosenbein, als Art zu gehen oder als Sprühwolke eines Deodorants.

Die mit dreihundert Kommentaren versehene Todesanzeige des Großvaters auf Facebook.

Die Aufnahmen eines von amerikanischen Wissenschaftlern umstellten Massengrabes, datiert auf das Jahr 1927 in Liberia, mit den Unterschriften *forest clearing* sowie *road construction* beim Ausbau der bis dahin größten Kautschukplantage der Welt.

Der Biss in das mit Puderzucker bestäubte Zuckergebäck und die stichfeste Schokolade.

Der Umschlagplatz für die aus dem Balkan versklavten Frauen und Männer, im Venedig des 13. bis 15. Jahrhunderts, wobei die Frauen aus dem Kaukasus, die über den Balkan in die Hafenstädte gebracht wurden, die höchsten Preise erzielten.

Die kroatische Bucht, in der jemand erschiene, den sie beobachten und der ihr gefallen würde.

Herbeigerufen im Lärm der Zikaden, schon von der Hitze träge. Der Junge, der die Strände auf und ab ging und »Krofne« rief.

Ob blond oder braunhaarig. Irgendwelche Wangen vor dem inneren Auge, wahllos, behaart oder noch glatt. Die Träumereien und Gedanken daran, wie man wohl in ein Gespräch kommen würde, noch jugendlich, eigentlich ein Kind.

Die bei Mailand aus dem Fenster gestreckte Hand während der Autofahrt.

Der vom Wetter ausgebleichte Strick am Baum kurz vor der Ankunft, an dem jemand, so die Vermutung, mal hing.

Der zerplatzte Putz des Klosters in Dajla, inmitten der vom Eisen rot gefärbten Erde, mit der Brandung, die den roten Sand wieder von den Füßen wusch.

Da waren die Küchen der Restaurants, die Reben der Weinberge, der Tunnel- und Straßenbau, die Gewächshäuser, die Uhrenfabriken, die Angestellten mit den Namen Vesna und Meho, die Vergrößerungsgläser vors Auge geklemmt beim Einsetzen der Edelsteine in die Uhren.

Ihr Sohn Haris, der ihr an seinem Geburtstag in La Chaux-de-Fonds in hüfthohem Gras mit ausgestreckten Armen hinterherlief, sodass sie schrie.

Das zeitgleiche Verliebtsein in einen Lehrer, der Vertretung gab, dessen Beine beim Gehen leicht voneinander abstanden, ein kaum merkliches »O« formten, der teure Kleidung trug und beim Reden seine Hand manchmal auf die Brust legte als Zeichen für einen zu Ende gesprochenen Satz.

Und dieser Rasenmäher im Garten wohlhabender Eltern, ein automatischer, der zu aller Erstaunen nicht in den Pool stürzte.

Weitere Skizzen wie: Industrieanlagen in den Voralpen, die Mensen der Schweizer Universitäten als Orte der spätindustriellen Transformation der Schweiz.

Die Einträge waren im Grunde genommen dürftig.

Das »Čuvaj se« an einem Sonntagmorgen beim Bäcker auf dem Helvetiaplatz, als Antwort auf die von ihm geschenkten Brötchen, »Pass auf dich auf«. Der spätere Spaziergang auf den Uetliberg.

Das Befragen der Dinge auf mögliche oder erfundene Verbindungen.

Übrig geblieben war ein Brief des Vaters an seine Tochter, mit einer Handvoll Fotografien darin, im Grunde schäbig und ohne weitere Bedeutung. Auf dem Umschlag standen die Worte »Za Seku«, *Für Seka*, und waren bestimmt für das Mädchen, die Tochter, die in ihrem eigentlichen Namen nur noch variabel und durch die Jahre des Kontaktabbruchs eine Gestalt ohne besondere Anzeichen geworden war.

Auf den Fotografien zu sehen war Seka als Kind, ein Mädchen mit braunen Haaren.

Wie sie ihren jüngeren Bruder in der Badewanne auf dem Schoß hält.

Wie sie als Kind auf der Grossen Schanze in Bern darauf wartet, ihrer Mutter nach der Vorlesung in die Arme zu springen.

Die mit schwarzer Schminke angedeuteten Schnurrhaare auf ihren Wangen, für die Fasnacht als Katze verkleidet.

Dieses sich nach zwanzig Jahren umkehrende Verhältnis, wonach die Mutter nun auf die Tochter wartete und sie nach deren Vorlesung auf der Grossen Schanze zum Mittagessen traf.

Manche Männer waren gestorben, wurden inhaftiert, wieder andere hatten überlebt, um ein Haar, nach Monaten der Folter, und wurden befreit an einem warmen Sommertag im August. Manche hatten Zuflucht gefunden und sich niedergelassen in der französischen Schweiz, in Genf, hatten Omarska und Trnopolje überlebt, sich im Witz geübt, den Scharfsinn nicht verloren und den Blick für »unten« bewahrt.

Andere waren verloren.

Man weinte hinter dem Tresen eines Bergrestaurants, in der Waschküche eines Gasthofes, zuhause in den eigenen vier Wänden, auf der Autobahn mit der Ausfahrt Airolo vor Augen, im Gotthardtunnel im Stau, inmitten der Nachrichtensendungen, die aus dem Radio kamen, als man hörte, Flugzeuge seien in New York in zwei Türme geflogen, die Ursache sei noch unbekannt, die Zahl der Todesopfer groß. Man weinte oft, still, kaum vernehmbar, nahm Anteil an der Welt, so gegenstandslos, und gehe, so sagte man, an ihr zu Grunde.

Das finale Urteil über Omarska wurde gesprochen, nachdem Seka den Weg zur Schule gegangen war, als sie den Stift fest umschlossen in der Hand hielt und unter dem Tisch die Beine bewegte. In der Zeit des Prozesses, der mehrere Jahre in Anspruch nahm, wurden im Gebiet rund um Omarska ungefähr sechzig Massengräber entdeckt. Unterdessen hatte Seka längst zu gehen und zu sprechen gelernt und ihre Großmutter in der Nähe der ausgehobenen Gräber wieder einen Garten angelegt. Ob man zurückkehren oder bleiben würde, ob man woanders hingehen würde, wurde nicht in Erwägung gezogen.

Was ihr heute die Richtung wies, lag wie eine Fährte vor ihr, ein frischer Luftzug mit dem fernen Panorama der Alpen im Blick.

Genf wurde ein Zuhause, zwei Zimmer groß, mit Küche, Lift, Schlafzimmer, Ehe- und Kinderbett, ein Hof der Vereinten Nationen. Man übte sich im Rascheln mit den Einkäufen, wenn man diese auspackte und auf den Tisch legte, und war zufrieden, als die Kinder zur Schule gingen, sagte, man sei froh, würden die eigenen Kinder das Gespräch mit den Lehrpersonen übersetzen, sie würden die Sprache schnell aufnehmen, beliebig, was man ihnen vorsetzte, ob Deutsch oder Französisch. Sagte, man sei froh, habe man nach dem negativen Entscheid in Deutschland nun eine vorübergehende, eine befristete Bleibe in der Schweiz.

Die Bilder der Lager waren bewegt, sie waren in Farbe, das Filmmaterial eines britischen Journalistenteams, das seinen Besuch in Omarska und Trnopolje dokumentierte und Häftlinge nach ihrem Zustand befragte, war im Internet zugänglich. Es war da, nicht weiter zu leugnen. Das Dokument, ein Film mit einer Länge von vierundzwanzig Minuten, zeigte eine Vielzahl Menschen, überwiegend Männer, im Wartezustand, ungewiss, was ihnen bevorstehen würde. Zu sehen war, wie der Reporter die Inhaftierten über den Zaun hinweg in Gespräche verwickelte und auch mit den bewaffneten Aufsehern sprach und dabei die Frage stellte, ob es sich hier um ein Konzentrationslager handle, die sie verneinten.

Die Inhaftierten saßen in Gruppen auf dem Rasen, sie führten Gespräche, ihre Gesichter waren mager, so auch ihre Körper, sie antworteten auf die Frage der Journalisten, ob sie alle aus Prijedor kämen und Kämpfer seien, in englischer oder russischer Sprache, sie seien alle aus der Umgebung, aus den Dörfern, Zivilbevölkerung, zusammengetrieben, wie man später in den Zeitungen lesen würde, sie seien keine Kämpfer:

»I have never fought.«

»Can you tell me anything about the conditions in which you are being kept in – or is it difficult?«

»I am not sure that I am allowed to talk about that, you know.«

Sie seien erst heute aus einem anderen Lager nach Omarska gebracht worden.

Dieses »heute« gehörte dem Jahr 1992 an, ein warmer Tag im August.

Auf die Frage, ob sie geschlagen würden, sagten sie, hier nicht, aber sie würden lieber nicht darüber sprechen, und gaben mit Blicken zu verstehen, das Thema zu wechseln. Der Reporter dankte und sagte, er sei vom britischen Fernsehen, es sei das erste Mal, dass es ihnen möglich sei, in die Lager zu kommen und zu filmen. Als er über den Zaun einen Geldschein reichte, brach unter den Inhaftierten Unruhe aus.

Wie sie nicht wussten, dass sie nur diejenigen in bester Verfassung zu Gesicht bekommen würden.

Die Journalisten begleitete ein Übersetzer, welcher der bosnischen, englischen und russischen Sprache mächtig war.

Sekas Vater sagte, so ihre Erinnerung, er habe sich in der Schule für Russisch und gegen Deutsch entschieden. Er war es, der ihr südlich der Jurakette das Schwimmen beibrachte und ihr half, die Beine richtig auszuschlagen, die Arme von sich zu strecken und in weitem Bogen zurückzuziehen. Man habe ihm in der Schule das Schreiben mit der linken Hand ausgetrieben. Er habe gelernt, mit der rechten zu schreiben.

An bestimmten Tagen schwamm sie wie gegen schweres Öl an.

Unter großer Anstrengung lernte Seka, schneller zu schwimmen, einen strengeren Atemzug.

War das Becken zu voll, lag sie halbnackt mit einem Buch in der Hand, dessen Blätter nass geworden und wieder getrocknet waren, am Seitenrand. Sie schloss die Augen und hörte, wie sich die zum abendlichen Training eingefundenen Menschen im Wasser bewegten.

Was hieß es zu graben?

Den Namen desjenigen zu tragen, den man gemeinhin als »Babo« und später als Monster in Erinnerung behalten hatte.

Schwamm sie, glaubte sie, die Rufe ihres Vaters zu hören, der sie vom Beckenrand aus beobachtete und jede ihrer Bewegungen prüfte.

Manchmal schien ihr, als würde man sich abends in der Spiegelung der Fenster mit dem ganzen Arsenal, das man sich über die Jahre zugelegt hatte, mit Stift, Papier, Zeit und Laptop, Suchauftrag um Suchauftrag verfangen.

Es war, als habe man lediglich nach Aufzeichnungen zu suchen, um zu verstehen, dass die eigene Geschichte über keine

Archive verfügte. Die Bibliotheken waren im Zuge des Krieges verbrannt. Diese Einsicht kam schnell, hatte man doch die Videos gesehen von Mostar, von Sarajevo, den einsamen Cellospieler in den Trümmern der Nationalbibliothek, der für jedes Todesopfer, das für Brot angestanden hatte und bei einem Mörseranschlag ums Leben gekommen war, zweiundzwanzig Tage in Folge spielen würde. Sich heute in Räumen der Hochkultur, wie jemand auf dem Weg zum Kolloquium borniert sagte, zu bewegen, Geschichte zu studieren, sich mit Relikten und Deutungen jener vertraut zu machen, die einen nie im Blick hatten, nur auf das eigene Gutdünken achtgaben, sich daran störten, wenn man sagte, man wolle sich nicht mit ihrer Forschung vertraut machen, sondern sich um die eigene bemühen, war, als würde man im deutschen Lesesaal verloren gehen.

Dubravka Ugrešić, eine kroatische und ins Exil gegangene Schriftstellerin, schrieb im Jahr 1994: »Nur die Toten lügen nicht, aber keiner glaubt ihnen.« Ähnliches schrieb auch Primo Levi, Überlebender der Buna-Werke in Auschwitz: Die Ermordeten seien eigentlich die wahren Zeugen. Die Überlebenden seien nicht geeignet, Auskunft über eine systematisch erfolgte Massenvernichtung zu geben. Wo der Tod die Regel ist, seien dies nur die Toten.

Im Laufe der Jahre war man seine eigene Archivarin geworden.

Was Auschwitz mit Omarska verband, waren die Gräben, die Stoffe und ihr so drängender, kapitaler Wert. Eine Vielzahl von Geschichten der Extraktion (der transpazifische Transfer von *coolies*, die Rodung der Wälder, der Bau von Straßen, später Tunneln, Schächten, Wasserdampf).

Notwendige Werkzeuge zur Erschließung von Stoffen begehrenswerter Art.

Zumal die deutschen Automobile ihre Reifen, die Operationssäle ihre Handschuhe brauchten, musste ein Ersatz gefunden werden. Es brauchte ein chemisches Äquivalent zum natürlichen Kautschuk, der von den Briten in Malaysia und den Amerikanern in Liberia auf Plantagen (*rubber trees*) erwirtschaftet wurde. Da den Deutschen die Lieferwege durch die Amerikaner gekappt worden waren, wurde auf dem Fabrikgelände Auschwitz-Monowitz für I.G. Farben synthetischer Kautschuk hergestellt. Es brauchte Chemiker, die in deutschen Laboren einen Stoff nach den Bestandteilen Butadien und Natrium »Bu-na« benennen würden, solche wie Primo Levi, ein italienischer Chemiker und späterer Schriftsteller, der im Lager und den Buna-Werken Zwangsarbeit leistete und überlebte.

In der Zwischenzeit: Ford, Reagan, die Amerikaner und die Firestone Natural Rubber Company in Liberia, mit ihren *rubber trees*. Forschende aus Harvard, als Wissenschaftler stets zuvorderst dabei, als es hieß, neues Gebiet zu erschließen.

Diese Tropenhüte bei der kartografischen Erschließung des Landesinneren im Jahr 1926 auf der Harvard Medical African Expedition.

Sciences of exploration: die Produktion unzähliger Enzyklopädien, der Bau botanischer Gärten sowie die Erfindung der Tropen samt ihrer Medizin als Antwort auf die Krankheiten derjenigen, die vom Meer kommend an Land traten.

So auch: die Anfertigung zahlloser Missionsmemoiren wie etwa *The Congo for Christ: The Story of the Congo Mission* von John Brown Myers aus dem Jahr 1895 und ihr Einzug in bürgerliche Bibliotheken, *Reiseliteratur*.

Als rückten die Stoffe und Güter die heutigen Verkehrsnetze, die Antennen, selbst den fahlen Geruch des Benzins auf Raststätten in anderes Licht, das Glas Orangensaft in der Kühltheke, den Kaffee und Tee in den Tassen wie auch das Graphit in ihrem Stift, mit dem Seka zu schreiben lernte.

Das tiefe Graben der Spaten in der Erde, das Rütteln der Klumpen durch Siebe, das Schürfen nach Silber, Eisen und Erz und der Transport von Gütern mündeten 1916 im Bau eines Eisenbahnnetzes. Der Abbau von Mineralen tief in der Erde, die Suche nach glänzenden, phosphoreszierenden Steinen mithilfe von Wasser, Lampen und Spaten, der Gestank und Ruß an den Händen bei der Einfahrt in das Bergwerk in Ljubija und Omarska bedeuteten für diejenigen, die in der Umgebung von Omarska geboren wurden, eine Standardisierung der Zeit, eine Angleichung der Ziffern an die in Berlin und eine langsame Anbindung der Dörfer an die *eine* Welt.

Was Seka im Laufe der Arbeit zu Rate ziehen würde: den blauen Ordner bei ihrer Mutter mit den Markierungen, Streichungen im Text sowie eigene, unzählige Kommentare und Notizen dieser Art:

Was im Altgriechischen *dia* (diá-, Vorsilbe, die eine Bewegung quer oder in alle Richtungen anzeigt) und *spora* (speírō, »säen«) heißt, würde im Deutschen, auf ihre Situation übertragen, ein Ausdruck für dasjenige werden, das ohne festen Grund ist und sich stets in Bewegung hält, wäre ebendieser offene Tagebau, eine Senke, ein geologischer Boden, der nicht vernarbt ist, und trüge den Namen »Omarska«.

Als bräuchte es einen Moment kurzer Andacht, in dem man sich seiner eigenen Hände und seiner Verrichtungen gewahr würde, die ein Philosoph einmal als »entfremdete Arbeit« deutete.

Es blieben Fragen.

Als sähe man, wie es war, sich mit dem Erdboden vertraut zu machen, einen Garten anzulegen, Tomatensetzlinge in die Furchen zu drücken und sie mit Erde zu bedecken.

Als sähe man den Pickel und die Feuerlaterne in der Silbermine von Potosí, einem Berg, von dem man im 16. Jahrhundert aufgrund der vielen Toten sagte, dass er Menschen fresse.

Was bedeutete es, das Wasser zu hören, wie es am Rand des großen Beckens im Abflussschacht verschwand, oder auch das Husten, sobald jemand Wasser geschluckt hatte? Im Erdboden zu graben, nach Erz oder Knochen zu suchen?

Einen Brief zu finden?

»My dear Minka, I am writing you this letter even though I am not at all sure whether you will get it.«

Unter der jugoslawischen Regierung wurde in der Mine in Omarska Erz abgebaut, wurden dem Boden Wertstoffe entwendet, wurde sein Sediment Stück für Stück abgetragen.

In einer Sprachaufnahme, aufgenommen im Auto zwischen Prijedor und Kozarac, schließlich die Stimme ihrer Mutter: Die Anstellungen in den Fabriken und auch der Mine seien in diesem Gebiet nicht an alle gleichermaßen vergeben worden. Aus der Nachbarschaft habe sie lediglich zwei gekannt, die eine Anstellung hatten. Der Rest habe anderswo gearbeitet, in Slowenien, dem Ausland. Während sie sprach, hörte man den Verkehr, den Lärm, das Schalten der Kupplung wie auch die Stimme von Seka, die, als das Öffnen der Tür zu hören war, sagte, sie wolle Kukuruz zu Mittag essen, einen Maiskolben.

Als Tito starb, Jugoslawien in seine Kriege zerfiel, wurde das Gelände der Mine ein Folter- und Todeslager. Aus diesem Lager schrieb der Gefangene Muhamed Čehajić seiner Frau Minka:

»If you are able, please get me some cigarettes, soap, toothpaste, two or three pairs of underwear and undershirts, a tracksuit, an electric razor and shaving cream. Do not send me food because I cannot eat anyway. Send me some ground coffee, if you have any.«

Die Zeugin sagte im Prozess vor Gericht aus, sie habe im Radio gehört, wie derjenige, gegen den sie in Den Haag aussagte, davon sprach, das Lager in Omarska habe es nie gegeben. Sie sagte, sie habe nicht glauben können, was er behauptete, zumal jeder zu diesem Zeitpunkt von der Existenz des Lagers wusste. Es war Minka, die Adressatin des Briefes, die sprach. Eine Frau, die bei ihrer Anhörung im Jahr 2002 ein graues Jackett trug und ihre zittrigen Hände, um ihren Worten Ausdruck zu verleihen, unablässig vor dem Mikrofon bewegte.

Sie gab Auskunft über den Tod ihres Mannes, über seine Inhaftierung, sein Ausbleiben nach der Befreiung der Lager. Hätte es dieses Lager in Omarska nicht gegeben, sagte sie, so wären ihr Mann, ihr Neffe und viele mehr noch am Leben.

»I feel so empty. I feel as if I had never been alive. I'm trying to fight it. I'm trying to resist it by remembering everything that was beautiful with you and the children and all those that I love.«

Die Zielgruppe war die örtliche Elite: Schuldirektorinnen, Lehrer, Ärztinnen, aber auch all jene, die man unterwegs aufgesammelt hatte, Arbeiter, Bauern, einfache Angestellte mit den Namen Muhamed oder Sadeta.

»Give my love to all who ask about me. And to you and the children, I love you very, very much.«

Aus den Berichten des Internationalen Strafgerichtshofs für das ehemalige Jugoslawien ging hervor, dass diejenigen, die das »Weiße Haus« betraten, nie wieder lebend gesehen wurden. Lastwagen, die zuvor Lebensmittel für die Soldaten abgeladen hatten, wurden mit toten Körpern beladen und in die Umgebung ausgefahren, um die Leichen in zuvor ausgehobenen Gruben zu versenken.

Am 31. Mai 1992 wurde die nicht serbische Bevölkerung über Radio aufgerufen, ihre Häuser mit weißen Fahnen zu versehen und weiße Armbinden zu tragen.

Um die Häuser kurze Zeit später in Brand zu setzen.

Seka betrachtete ihre Beine unter Wasser.

Sie war weder eine besonders schnelle noch gute Schwimmerin, doch machte sie heute, wenn sie sich mutig fühlte, in einer Vorwärtsrolle unter Wasser kehrt und tat, als es ihr gelang, so, als ob dies nichts weiter bedeutete, obwohl sie sich jedes Mal aufs Neue freute, wenn es klappte. Ihr linkes Bein schlug immer dann falsch aus, die alte Gewohnheit kam wieder zum Zug, wenn sie sich für einen Moment vergaß. Bahn für Bahn nahm sie sich aufs Neue vor, etwas länger zu warten, bevor sie zur Rolle ansetzte, etwas näher an den Rand zu schwimmen, so weit, als könnte sie sich dabei jeden Moment den Kopf stoßen, um sich mit den Beinen noch stärker vom Rand abzudrücken.

In Trnopolje sah man die Männer vor einer Grube knien und nach den Schüssen, die auf ihre Köpfe und Rücken zielten, ins Loch fallen. Man sah vor ihnen welche, die bereits erschossen worden waren, und hinter ihnen diejenigen in einer Schlange stehen, die ihnen folgen würden. Die Frauen wurden vergewaltigt und hofften laut eigener Aussage, mit einer Kugel zu sterben.

»Dear Minka, I am very worried about /?Sejdo/, /?Nasa/, /?Bika/ and the others. I have heard very ugly things, so please try to let me know somehow what has happened with them. Safet/?al's Mustafa brought me cigarettes, underwear and the most essential things. I am grateful to him forever.«

Die Kinder wurden lebendig in brennende Öfen geworfen und die Überlebenden gefoltert. Ihnen wurden die Augen ausgestochen, Finger, Nasen und Ohren abgetrennt und die Geschlechtsorgane abgeschlagen.

Seka lag der Brief in englischer Übersetzung und in bosnischem Original vor.

Man würde sich in der Presse darauf einigen, wie man die Kriege auslegte, und von ethnischer Zugehörigkeit sprechen. So erklärte man sich das, was geschah, glaubte zu verstehen, wer wen umbrachte und warum. Vor diesem Hintergrund wurde die Notwendigkeit, den weiblichen Körper zu regulieren und zu kontrollieren, eine Frage des Staates, dessen Grenzen neu gezogen wurden, er verlagerte sich in den Schoß der Frau, in dasjenige, was sie zu gebären fähig war.

Im Lager befanden sich Frauen, von denen viele später freigelassen wurden. Fünf von ihnen wurden getötet. Es starben: Mugbila Besirević, eine Ökonomin, Edna Dautović, eine Studentin, Hajra Hodić, ebenfalls eine Studentin, Velida Mahmuljin, eine Lehrerin, und Sadeta Medunjanin, eine Professorin.

Die Mine in Omarska lag zwölf Jahre brach, bevor sie 2004 vom weltweit größten Unternehmen für Stahlproduktion, von Mittal Steel, aufgekauft wurde. Auf dem Gelände der Mine lagen Tote, deren Ausgrabung durch die Bewirtschaftung des Bodens und die Wiederinbetriebnahme der Mine verhindert wurde. Hierzu fehle, so las Seka in einem der mageren Berichte über das Lager, der öffentliche Druck. Die Mine war wieder in den Kapitalmarkt eingebunden worden.

Zur selben Zeit schlugen Hände mit Pickel und Beil in eine Masse aus Stein und Staub, man fand zwischen den Knochen Haare. Beim Bau einer neuen Wasserleitung war man auf Gräber gestoßen. Infolgedessen wurden forensische Experten aus Den Haag entsandt. Mit behandschuhten Händen entwendeten sie den Knochen Kleidung, Bluejeans und Jacken der Marke Adidas, sie entnahmen sie den Überresten jener Körper, deren Herzen nacheinander auf Befehl hin mit Schüssen zum Stillstand gebracht worden waren.

»Minka Čehajić testified on 14, 15 and 16 May 2002 in the case against Milomir Stakić. [...] In its judgement of 31 July 2003, the Trial Chamber stated that it had no evidence at hand to establish beyond reasonable doubt the reason for Muhamed Čehajić's death. It however said that, ›even if Čehajić was not directly killed, the conditions imposed on a person whose health was fragile, alone would inevitably cause his death. His ultimate fate was clearly foreseeable.‹«

Der erste Prozesstag wurde 1998 aufgerufen, knapp acht Monate nach Sekas Geburt. Im Fall »IT-98-30/1« würden fünf Männer der Kriegsverbrechen während des Bosnienkrieges beschuldigt und später verurteilt werden. Selbst glaubte sie nicht, jemanden persönlich zu kennen, der das Lager überlebt hatte, wurde aber von ihrer Mutter darauf hingewiesen, dass sie das sehr wohl tat.

Zwei, drei Onkel, den Stiefvater einer Cousine, einen Schuldirektor, allerlei Komšiluk, die Nachbarschaft.

Diejenigen aus Genf.

»Auch der mit dem fehlenden Daumen?«

Ein Unfall mit der Säge, wie man meinte.

Der Internationale Strafgerichtshof in Den Haag markierte die Verbrechen auf einer interaktiven Karte mit roten Stecknadeln. Die Landesfläche war, so sah Seka, als sie mit dem Cursor über die animierte Grafik wischte, beinahe vollständig rot. Zum Zwecke der hegemonialen Expansion und des Traumes von »Großserbien« wurde neues Territorium gewaltsam auf Kosten der Zivilbevölkerung erkämpft.

Sie saß am Tisch an ihrem Laptop und blickte hinaus. Ein Bauer lief zu seinen Hühnern und verschwand hinter seinem Stall.

Oder in den Worten ihrer Großmutter: Man solle, bevor man die Veranda neu streiche, die Wahlen abwarten.

Die Nebeldecke lichtete sich. Aus dem Fenster sah sie ins Berner Oberland. Seka saß in einer Hütte, hob einen Bleistift an und ließ diesen fallen, sah ihm zu, wie er bis an den Rand des Tisches rollte.

Als würde man beim Anblick dieser dutzenden Files, Tabs und Stapel von Papier auch nur annähernd schlau werden.

Der Bauer ging in seinen Stall, rückte Sekunden später wieder in ihr Sichtfeld und schwenkte den Eimer in seiner Hand hin und her. Er versenkte die andere Hand in das Futter und warf die Körner gekonnt in weitem Bogen auf den Boden aus. Der Nebel zog wieder zu.

Seit Stunden sah sie sich die Videos der Verhandlungen in Den Haag an. Versprecher, falsche Anreden, Habitus und Missverständnisse wurden in den Transkripten festgehalten. Wobei das Bosnisch, das die Zeugen und Überlebenden sprachen, etwa dasjenige von Minka, in ihr eine sentimentale Regung weckte. Die dialektale Färbung war ihr vertraut. Die Betonung der Silben glich derjenigen ihrer Großeltern. Aus dem weiteren Material ging hervor, was alles nicht Einzug fand in die verschriftlichte Wiedergabe des Falls: so etwa das Räuspern, wenn die Stimme der Zeugen versagte, als sie über die Kinder sprachen, die ermordet wurden, der Blick zur Decke oder auch die Reihung der Stühle, die Krawatten und Jacketts, die die Beschuldigten trugen, wie auch das Schimmern des Lichts im Saal.

Das Wetter war launisch.

Sie hörte, die Schmerzen hätten einen umgebracht.

Wieder sah sie auf die Bergkette des Berner Oberlandes, sah die Kulisse, die vor vierzig Jahren die ersten ihrer Art gesehen hatten, jugoslawische »Buffettöchter«, Bauarbeiter, »Fremdarbeiter«, »Menschen wie Du und Ich«, wie der *Blick* im Jahr 1975 titelte.

Aus einer Sprachaufnahme mit ihrer Großmutter: Sie seien damals im Gasthof gefilmt worden, vom Fernsehen, um zu zeigen, wie gut es funktionierte im Betrieb.

Endloses Sichten des SRF-Archives ohne Ergebnis.

Schon nur die Schwierigkeit der Schlagworte: »Fremdarbeit«, »Saisonnierstatut«, »Saisonnier«, »Schwarzarbeit«, »Berner Oberland« etc. Dieses nicht weiter ablassende Gefühl, man suche mit den falschen Begriffen.

Das Aufrufen jedes einzelnen Videos, schließlich der lange Verbleib bei der Ankunft der jugoslawischen Saisonniers im Grenzbahnhof Buchs in St. Gallen im Jahr 1981, bei der Einfahrt eines Extrazuges aus Belgrad um fünf Uhr morgens.

Die Stimme aus dem Off: Der Zug würde bei abgeschlossenen Türen zum Auffanglager geführt, wo die Saisonniers die »Grenzsanitarische Kontrolle« absolvierten. Hunderttausende Saisonniers würden in der Schweiz »irgendwo« arbeiten, nach neun oder elf Monaten wieder ausreisen und jedes Jahr aufs Neue auf einen weiteren Arbeitsvertrag hoffen.

In einem anderen Mitschnitt des SRF die von einem Arzt aufgezählten Sexualkrankheiten des »Fremdarbeiters«, der zeitgleiche, in den Zeitungen festgehaltene Gebrauch des Wortes »Überfremdung«, ein seit den 60ern etabliertes Vokabular, teilweise noch anhaltend bis heute.

Stundenlanges Sichten von im Grunde rechtlosen Menschen.

Für manche bereits die neunte Saison.

Beim Anblick der Kinder irgendwoher plötzlich dieses Weinen.

Weiter in den Notizen: In der Schweiz war die Unterbringung von mehr als einer Person in einer Zelle nicht die Regel. Im Normalfall fristeten die Insassen, Frau oder Mann, ihren Strafvollzug einzeln und verfügten über ein Bett, einen Fernseher, eine Nasszelle mit Waschbecken und Toilette, ein Fenster mit Vorhängen, einen Tisch und Regale für Bücher oder trockene Lebensmittel wie Kaffee.

Die Maße einer Gefängniszelle betrugen bei Neubauten zwölf Quadratmeter, sonst häufig weniger. Da die Suizidrate der Inhaftierten nach dreiundzwanzig Stunden in Isolation anstieg, baute man heute Zellen, in denen mindestens zwei Personen waren, mit achtzehn Quadratmetern. Für Amir kam das zu spät. Er nahm sich das Leben mit einem Bettlaken. Anschließend wurde er nach Bosnien überführt und unter die Erde gebracht.

Mit zehn Jahren war er seinen Eltern aus Bosnien ins Berner Oberland gefolgt. Dort ging er sprühen, schrieb Gedichte, baute Beats und rauchte, wusste sich zu verlieben und Drogen zu nehmen. Knapp fünfzehn Jahre nach seiner Ankunft in der Schweiz überführte man Amir aus einer Berner Gefängniszelle nach Kozarac, schüttete Erde über sein Grab und verschwieg, wie er starb.

Zehn Jahre später folgte ihm sein Großonkel Ramiz.

Dieser starb im Ramazan. Nur wenigen sei es vorbehalten, im heiligen Monat zu gehen, sagte seine Frau, Sekas Großmutter, als ihr Mann verstarb. Von ihren Enkelkindern wurde sie Majka genannt. Auf »Eid Mubarak« oder »Bajram šerif mubarek olsun« antwortete sie mit »Allah razi olsun«, und für den 8. März, den Tag der Frau, wünschte sie sich Blumen. Jede zweite Woche ging Majka zum Frisör, färbte sich die Haare oder erneuerte die Dauerwelle, hatte ihre Ohrringe mit großer Andacht getragen, bis sie ihr in der Dusche im Abfluss entwischten, und war vierundsiebzig Jahre alt, als Ramiz starb.

Rief Majka in der Schweiz an, hörte man am anderen Ende der Leitung lange Zeit nichts, bis man merkte, dass sie den Anruf aus Versehen getätigt hatte. Man hörte es rauschen, ihre Schritte und das Rascheln ihrer Hosenbeine.

Ob sie ausreichend Strom habe, der Wasserdruck in der Dusche wieder in Ordnung sei und so weiter und so fort.

Bei gemeinsamen Mittagessen erzählte sie, wie sie im Lotto mehrfach kleinere Beträge gewonnen hatte und mit dem Geld im Haus in Kozarac fünf Zimmer mit Laminat auslegen oder den Hühnerstall reparieren ließ. Sie hatte Witz, kleidete sich gut, sie war, sah Seka, als sie ihr half, den Tisch für ihren Geburtstag zu decken, auf dieselbe Art gesellig wie sie.

Ungemein froh, wenn Leute da waren, Dinge geschahen, Gelächter ausbrach, an dem man nicht zwingend teilzunehmen hatte, und man sich nur aus der Ferne daran erfreuen konnte, nicht alleine zu sein, dankbar, etwas zwischen den Fingern zu halten, ein Messer, eine Karotte oder Zwiebel, die man schälte und entzweischnitt.

Mit ihren ersten Arbeitgebern, erzählte sie, während sie das Fleisch für ein Gericht zerlegte, seien sie auf dem Jungfraujoch gewesen, hätten viele kleinere Ausflüge unternommen. Durch das fehlende Vokabular teilweise unbeholfen hörte sich Seka auf einer weiteren Sprachaufnahme mit ihrer Großmutter verständigen: Wo die Kinder gewesen seien, während sie in der Schweiz gearbeitet habe? In Bosnien, bei den Nachbarn, irgendwelchen Frauen. Das sei immer das größte Problem gewesen, jemanden Vertrauenswürdigen zu finden, der nach den Kindern schaut.

Sobald sie das Geschirr gewaschen und getrocknet hatten, hörte man auf der Aufnahme den Hund bellen, der angekettet im Hof im Schatten lag.

Sie gebar in ihrem Leben fünf Kinder, von denen das dritte mit acht Monaten an Scharlach starb, nachdem sie es in Bosnien zurückließ, weil sie nicht wusste, wen sie im Restaurant verständigen sollte, dass sie eigentlich nicht arbeiten könne, sondern nach dem Kind schauen müsse.

Ramiz sei ein Trinker gewesen.

Majka hatte seinen Tod, als es so weit war, kommen sehen und war trotzdem verblüfft, als er eintraf und Ramiz am Morgen nicht mehr aufwachte. Entschlafen war er, sagte sie, ganz friedlich. Die letzten Jahre musste sie ihn pflegen, ihm von der Toilette aufhelfen. Das Alter und die Gebrechen haben ihn nachsichtig werden lassen, sagte sie, er bedankte sich, wenn sie ihm half, aufzustehen. Kurz vor seinem Tod war sein Gesicht aufgedunsen, seine Gelenke waren zittrig, und die Haut war mit einem Mal gelblich.

Man schrieb in der Traueranzeige, man möge ihm die Fehler verzeihen.

Die Schläge und den Alkohol, die Herzinfarkte.

Sie hätten sich, als sie jung waren, bei den Pferden getroffen, beim Wasser, am Fluss. Er sei zwei Mal gekommen, um sie zu holen. Beide Male wollte sie nicht mit, und als er ein drittes Mal kam, ging sie Wasser holen beim Brunnen, er wollte sie packen und entführen, doch sie rannte davon.

Noch am selben Abend wurde sie von ihrem Onkel weggegeben und war sechzehn Jahre alt, als sie von ihrer älteren Schwester getrennt wurde und ein Haus vorfand ohne Strom und Wasser. Sie glaubte, sich vor ihm zu fürchten, davor, was er mit ihr machen würde, er kniff sie, in die Arme, die Hüfte, die Beine, und tat das sein Leben lang.

Sie blieb sechzig Jahre bei ihm.

Auf einer anderen Aufnahme würde Seka hören, sie hätte ihn in der Moschee kennengelernt.

Majkas Eltern seien gegen die Ehe gewesen, Ramiz habe den frühzeitigen Tod seines Vaters bereits als Zwölfjähriger mit Alkohol bewältigt.

Jeden Morgen richteten sie ihren Teppich nach Osten fürs Gebet und gingen auf die Knie. In ihren letzten fünfzehn Jahren lebten sie an Orten, die kennenzulernen sie nie beabsichtigt hatten, und wünschten niemandem, herausgerissen und alleine, ein solches Leben, dessen Ähnlichkeit zum alten nur der Blick auf den eigenen Körper war.

Als die Frauen noch das Feld beackerten mit gebückten Rücken oder in Heimarbeit Näharbeiten für das Dorf erledigten, als plötzlich der Mann vor den Kindern von einem Soldaten erschossen wurde, war der Schmerz ein anderer.

Ihre Erinnerung an sie wich den Jahren und den neuen Sorgen. Beim Anblick ihres einbandagierten Oberkörpers im Spiegel, dem Versuch, Ähnlichkeiten zwischen dem Körper ihrer Großmutter und ihrem eigenen auszumachen, befand Seka, sie hätten das gleiche Haar.

Ihr Körper krankte an einem wesentlichen Geschlechtsmerkmal, der Brust.

Sie sah auf den Verband, der mit einer kleinen Halterung mit Gummibund die vielen Lagen befestigte. Der Körper war nicht mehr Ort des Zwanges, ihn verändern zu müssen, sondern der Ort, durch den sie die Welt erfuhr. Die Ärzte hatten das Wachstum im Schnitt alle drei Monate festgehalten, ihn ausgemessen und den Knoten dabei zugesehen, wie sie wuchsen. Mit Fingerspitzen hatte sie den Knoten nachgespürt und dabei festgestellt, wie sehr man sich vom in Sichtweite geratenen Ende des eigenen Lebens tatsächlich auch umtreiben lassen konnte.

Als Kind noch sah Seka in Besançon ein Dokument mit den unsicheren Linien des Namens ihrer Großmutter, als fehlte dieser die Übung, nur um später zu verstehen, dass der Name das Einzige war, was sie schreiben konnte, die Buchstaben, sie waren auswendig gelernt.

Zeit ihres Lebens hatten sie Schwierigkeiten, ihr Geburtsdatum zu nennen oder das ihrer Kinder.

Die Frauen wählten ihre Worte nach Gehör. Sie versahen das, was sie hörten, mit entsprechenden Silben, bis es für sie stimmte. Bis es dem, was die anderen sagten, entsprach. In ihrem Leben lernten sie nicht Lesen oder Schreiben und brauchten einen Übersetzer, wo auch immer sie waren. Man sah sie durch die klimatisierten Gänge des Supermarchés gehen und mit ihren Schlappen auf dem gescheuerten Boden schlurfen. Die Schuhe waren ihnen etwas zu kurz, ihre Fersen, welche in dicke Socken gepackt waren, hingen hinten über. Der Absatz war etwas erhöht, das half beim Gehen.

Auf Nachfrage, wohin es gehe, sagten sie: »Li-glj-o«, und meinten Lidl. In ihrer letzten Lebenshälfte fanden sie sich auf Parkplätzen wieder. Man sah sie ihre langen, mit Blumen bedruckten Röcke tragen, der Stoff war aus Baumwolle, darauf hatten sie geachtet, das war ihnen wichtig. Keine Viskose.

Das lasen sie nicht in den Pflegehinweisen, sondern spürten es mit ihren Fingern. Hierfür rieben sie den Stoff zwischen Daumen und Zeigefinger und zeigten sich zufrieden.

Seka schrieb, sie hätten das Paar im Deichmann ausgesucht und sich für solche mit Gumminoppen entschieden, das helfe, so sagten sie, der Durchblutung.

Sie standen an der Grenze und schwankten vor Erschöpfung, während sie erst das eine Bein und dann das andere zum Standbein machten, immer abwechselnd, ohne Gefühl dafür, wo sie waren oder wohin es gehen sollte. Sie waren Witwen geworden. Mit der Trauer legten sie ihre Tücher ab, zeigten ihr in der Zwischenzeit weiß gewordenes Haar und schnitten es kurz. Die Haarwäsche bereitete ihnen zusehends Mühe.

Der Mann, ein Schläger wie vielerorts Trinker, blieb ihr Vormund, bis er im Krieg erschossen und später durch einen neuen ersetzt wurde. Dieser war lieber, netter, legte ihnen die Hand auf die Stirn, wenn sie eine Erkältung hatten.

Ein solches Ehepaar nannte man Johnny und Roswita in der Schweiz. Sie arbeiteten in einem Gasthof im Berner Oberland in der Waschküche und auf dem Bau. Bis der Mann zum Kranführer befördert wurde, fuhr man in regelmäßigen Abständen zur Ruine des verbrannten Hauses und beaufsichtigte das, was mithilfe des Schweizer Lohnauszuges keine Ruine, sondern eine Baustelle wurde. Ihre Kinder lernten alle Einzelheiten des Häuserbaus, der Geruch des Betons blieb ihnen, so sagten sie, ihr Leben lang in den Nasen.

Die Routine des Alltags würde das Sprechen ersparen.

Sie tischten den Ajran neben den Lepine auf. Die Lepine waren so dick wie Felgen, sagte Mirza, einer ihrer Söhne.

Seka hörte, sie sei Nena ähnlich.

Mit den Jahren kamen das Internet und die Smartphones, die Jeans wurden skinny, der Bauch war frei, es kam der Touch.

Sie sah Nena zum letzten Mal in Frankreich, wo diese seit dem Krieg bis zu ihrem Tod mit Mirza in einem vierzehnstöckigen Plattenbau in Besançon im Neubauviertel Planoise lebte. Gemeinsam hatten sie auf einem Feld in der Nähe der Schweizer Grenze Blumen zu Haarkränzen geflochten, Haselnüsse und Beeren gesucht, sich gemeinsam an den Dornen die Finger blutig gestochen, bevor Nena später in der Nähe von Srebrenica beigesetzt werden würde.

Mit Facebook kam das Onlinedating, das Fliegen wurde günstiger. Die Armut maß sich nicht mehr am Sack Kartoffeln, sondern am fehlenden Internetanschluss, dessen rote und grüne Kabelenden auf dem Balkon im Wind hingen und verblassten. Im Exil lernte man, wie wenig man brauchte, um zu überleben. Etwas mehr als noch im Zweiten Weltkrieg, zu Zeiten der Faschisten. Das Exil nannte man Schicksal oder den Lauf der Dinge. Es trug die Namen Besançon, Schweden oder Schweiz. Man drehte die Tasse mit dem letzten Schluck und las im Satz die Zukunft, das Wetter und das Glück in der Liebe.

Der Stift färbte die Seiten heute blau.

Die Anmerkungen, die ihre Mutter gemacht hatte, waren blau, kleine Striche, seitlich der Worte, keinen Zentimeter lang.

Ihre Mutter prüfte die Seiten, versah Absätze mit Fragezeichen und strich anderes, gab sich zufrieden, als man so manches verfremdete und ihr entgegnete, die Zusammenhänge seien ohnehin erstunken und erlogen, also erfunden.

Sie erinnerte Seka daran, wie sie in Planoise früher das Spiel spielten, eine Seite in einem Buch aufzuschlagen und die andere Person raten zu lassen, welche Seitenzahl es war. Einzig der Finger zwischen den Buchdeckeln bot Hilfestellung.

Das Haar ihrer Mutter war gewachsen. Sie sagte, sie erinnere sich noch an den Moment, als sie die Länge der Haare auf ihren Schultern spürte, es war, als ob sie sie streicheln würden, ganz sanft auf der Haut.

Beide behaupteten sie, ganz anders zu sein als die andere.

Beide schliefen sie auf dem Bauch.

Mit ihrem Einverständnis wühlte Seka in der Wohnung ihrer Mutter in den Kisten herum. Sie kramte in den Schränken und wog in ihren Händen die schweren Fotoalben. Sie lagen neben dem Koran in bosnischer und arabischer Fassung, neben Lehrmitteln in Wirtschaftsrecht und New Economy. Sie fand Briefe, die ihre Mutter im Alter von zehn Jahren an ihre Schulkameraden aus Bern nach Kozarac schrieb. Neben vereinzelten Liebesbriefen fand sie auch Fotografien, sah diese zum ersten Mal.

Hielt ein Buch zur Ehe im Islam in den Händen, wonach eine Frau, nachdem sie sich vom Mann scheiden ließ, ihn erst wieder heiraten dürfe, wenn sie zuvor einen anderen geheiratet habe.

Sah ihren Vater, vielleicht dreißig Jahre alt. Ihr Bruder und sie sahen beide, so stellte sie fest, aus wie er. Sie hatten die gleiche Nase, die gleichen Haare, ja, den gleichen Mund.

Der Baum blüht, die losen Blätter der Blüten liegen wie kleine weiße Flocken auf dem lichten Gras. An manchen Stellen wurde es bereits platt getreten. Helle Grasnarben, wie lichtgefleckt. Unter dem Baum, der stark zur Seite gewachsen ist, steht ein Tisch mit zwei Bänken. Sie sind mit zwei grauen Decken überworfen. Gleich beim Baum steht ein Schuppen, der seine guten Tage bereits hinter sich hat. Er ist baufällig. Seine Außenverkleidung wurde weggerissen, sei es vom Wind, von Händen oder der Kälte im Winter. In ihm stapeln sich Scheite für das Feuer. Hinter dem Schuppen sieht man ein kahles Stück Erde, das umgepflügt wurde und in dem die Saat in Kürze aus dem Boden sprießen wird. Es ist Frühling. Am Tisch steht eine Frau mit kurzem weißem Haar, einer gesprenkelten Bluse und einem knöchellangen Rock. Man sieht sie nur von hinten. Sie trägt Hausschuhe. Barfüßig, sie hat keine Socken an. Hinter der alten Frau sieht man einen Mann mit schwarzem Haar, der mit ihr spricht. Man sieht nicht viel von ihm, nur sein linkes Auge und seine linke Schulter. Vorne im Bild steht ein weiterer Mann, dessen Nacken und Rücken von der Sonne gewärmt werden. Sein Gesicht ist etwas gerö-

tet, man sieht es nur seitlich, sein Kopf ist dem Boden zuge-
wandt. An seinem Hals ein kleiner weißer Faden, eine Silber-
kette.

Es ist die erste Zuflucht. Der erste sichere Ort im Krieg. Die
genaue Lage ist ihr unbekannt. Was sie auf der Fotografie
sieht, sind Nena und ihre beiden erwachsenen Söhne. Das
Bild aufgenommen hat Sekas Vater.

Sie legte die Fotografien in den verspiegelten Schrank zurück.

Beim Anblick ihres eigenen Körpers, der demjenigen ihrer Mutter glich, fragte sie sich, wie weit dieser in die Vergangenheit reichen konnte, und unternahm Versuche, Atem zu kriegen, während sie ihren Oberkörper im Spiegel musterte und sich der Kleidung entledigte, die sie trug.

Der Körper war bleich und geduckt, ihr Blick musterte die eigene Gestalt und wurde vom Wunsch begleitet, sich nicht mehr in unzähligen Einzelteilen wie der Hand, dem Oberkörper, Beinen und Füßen zu begegnen, sondern als Individuum, fähig zur Artikulation.

Das Plakat, das viel zu hoch an der Wand hing.

Der Computer, den sie nach der Scheidung aus dem Manor durch die Innenstadt trugen, mitsamt den Dokumenten und Fotografien.

Das grüne Sofa, das ihr Freund mit seinem besten Kumpel von der Straße, wo er es gefunden hatte, in den fünften Stock hievte. Er sagte, er würde die kaputte Federung reparieren, und tat es nie.

Die letzten Tränen im Januar bei Eiseskälte auf Höhe Elisabethstraße, wo sie sich mit der Ludwigstraße kreuzte.

Die Schulmappe aus der Grundschule, in der er seine Papiere aus der Universität aufbewahrte.

Der orange CD-Player, auf dem sie heimlich Lieder wie *Naivna* von Ena Popov abspielte.

Der kaputte Fernseher, für den es ein bestimmtes Kabel brauchte, das er noch auftreiben würde.

Der Glastisch, den sie im Internet ersteigert hatten und für den sie stundenlang im Winter mit dem Bus rausfuhren und der dann viel kleiner als angenommen in einem industriellen Getränkevertrieb stand. Sie nahmen ihn mit, weil sie ihn nicht stehen lassen konnten. Sie sagten, sie würden schon Verwendung dafür finden, und luden den Tisch in den Bus.

Der Vater, der Bruder, der Freund.

Diese kleinen Verhärtungen, sogenannte Knoten in der Brust.

Die Zuversicht.

Sie hatte das Studium in Deutschland abgeschlossen und war zurückgekehrt. Der Vater, den sie versucht hatte zu vergessen, war nicht gestorben. Die Mutter und den Bruder hatte sie anders vorgefunden, als sie sie zurückgelassen hatte.

Drehte sie in Bern den Schlüssel im Schloss um, rief sie zuerst nach ihrem Bruder. Meldete er sich nicht, sah sie ihn bereits im Badezimmer erhängt oder reglos im Bett liegen, sodass sie die Wohnung ablief und erst zur Ruhe kam, sobald sie den Duschvorhang zur Seite schob.

Die Jahre, in denen ihr Bruder zu einem jungen Mann herangewachsen war, hatte sie nicht mitbekommen. Er hatte an Gewicht verloren und war traurig geworden. Und mit ihm auch die Mutter. Ihr kaufte sie Pfefferspray. Sie vermied es, bei ihnen zu übernachten, kam doch jedes Mal beim Klingeln die alte Regung, das Schlimmste zu befürchten, zurück.

Die Ansichten eines Mannes, der ihr Vater war, verschränkten sich mit den einfachen Verrichtungen des Haushalts. Den Auseinandersetzungen mengte sich der Geruch von Waschmittel bei. Sie spielten sich in den Waschküchen im Keller ab und wurden in Anwesenheit weißer Fliesen im Bad und neben Wiener Würstchen im heißen Wasser des Topfes ausgetragen. Wer draußen mit einer Heckenschere die Büsche schnitt, war doch kein Monster.

Hin und wieder hatte ihr Bruder an der Tür geklopft, weil er eine Ladung Wäsche waschen wollte.

Ungeachtet aller Störungen und Erinnerungen an ihren Vater, sah sie vor ihrem inneren Auge eine Wiese, das Gras schon schal im Halm, der von der Mitte an gekrümmt, vom Wind in Schieflage geweht wurde. Nahezu trockengebrannt. Wenn sie in die Ferne schaute, hob sie ihr Kinn und runzelte die Stirn. Es war ein Friedhof. Weiße Pflöcke, alte Kindheitserinnerungen.

Neben ihr lag ein Tagebuch, und obwohl ihr die Handschrift ihrer Mutter vertraut war, wirkte sie an diesem Tag merkwürdig hart und streng. Seka schrieb am Schreibtisch ihrer Mutter und betrachtete die Schlaufen des »S«, des »M« und »C«, sie waren hochgezogen und stark gewölbt. Sie war umgeben von Ansichtskarten, Stiften und Notizblöcken, auf denen ihre Mutter die obersten Seiten mit Kürzeln versehen hatte. Als Seka sich an die Arbeit setzte und die Handschrift ihrer Mutter zu entziffern und die Namen auf dem Blatt auszuwerten begann und überlegte, wie sie sie zueinander in Beziehung setzen wollte, schielte sie hin und wieder zum Fenster.

Das Gras der Wiese, an die sie zurückdachte, war sanfter im Duft als die frisch gemähten Wiesen heute, weniger streng, beinahe lieblich.

Die Wiese hier lag an einem leichten Hang, grenzte an die Aare, auf deren Grund das Handy einer Freundin lag, die es in einem Wutanfall in großem Bogen in die Mitte des Flusses geworfen hatte. Die Freundin war an Weihnachten gekommen, von der Nordsee angereist, auf dem Weg nach Spanien, wo sie ihr Jurastudium beenden wollte. Bern hatte sie lediglich ihr Handy und die falschen Haare hinterlassen, die ihr Seka vor dem Fernseher mit der Schere vom Kopf schnitt.

Als die grünen Lichter des Innenraumes allmählich erloschen und der Bus hinter einer Kurve verschwand, blieb sie im Wind stehen. Der Busterminal war zugeschneit und Bern zum Zeitpunkt der Abreise ihrer Freundin noch dunkel.

Bei Regen, an sonnigen Tagen, wenn Leute spazieren gingen, oder bei großer Kälte im Winter kam sie in regelmäßigen Abständen an der Stelle vorbei, an der die Freundin ihr Handy in den Fluss geworfen hatte. Sie dachte darüber nach, wie sie es auch einfach in den Müll hätte werfen können oder sich entscheiden, es mit den Füßen zu zertreten. Nun lag es auf dem Grund zwischen den Steinen oder war vom Wasser längst fortgetragen worden. Das Ufer war Teil einer Strecke, die sie joggte: durch den Wald zum Fluss und wieder zurück.

Vom Wasser rund geschliffene Steine.

Weißdornzweige.

Sie hatte das Laufen zu lieben gelernt.

Als ihr Bruder ins Zimmer kam und fragte, ob sie noch schwarze Sachen für die Wäsche habe, legte sie das Tagebuch und den Laptop beiseite. Ihre Kleidung war von den Haaren des Katers bereits weiß geworden. Seit einigen Monaten war sie wieder zurück in der Schweiz. Sie streckte den Rücken durch und sagte, sie habe bereits gewaschen, fragte ihn, ob er Hunger habe, ging in die Küche und schob eine Pizza in den Ofen.

Sie erreichte das Spital kurz vor Schluss der Besuchszeiten. Die Pflegerin erklärte ihr, als sie bereits im dritten Stock stand und das Zimmer ihrer Mutter sah, dass sie umsonst gekommen sei, da ihre Mutter noch unten sei und schlafe. Sie habe die Narkose nicht gut vertragen, würde sich noch ein wenig ausruhen müssen. Erst als Seka versichert wurde, dass es ihrer Mutter ansonsten gutgehe, fuhr sie zurück.

Sekas Mutter wurde kurz vor Ramiz' Tod mit dem Helikopter ins Spital geflogen. Sie hatte im Laufe der Jahre die Schweizer Berge für sich entdeckt und sich auf einer Skitour das Knie verdreht.

Wurde es Abend, klopfte ihre Mutter an der Tür und sagte, sie wolle schlafen. Seka saß im Schlafzimmer und tippte auf dem Computer. Nach der Operation, wieder zuhause, lag ihre Mutter tagsüber auf dem Sofa, lagerte das Bein hoch und schaute fern. Morgens beim Frühstück lasen sie einander aus der Zeitung vor und schielten etwas zur Seite, wenn es im Horoskop um Liebe ging. Sie hielt ihrer Mutter, als diese in eine Rehaklinik musste, im Regen den Schirm bis zur Haltestelle und drückte ihr die Hand, als sie spürte, wie sie aus irgendeinem Grund unruhig wurde. Sie begleitete sie zum Arzt und weinte mit ihr, als sie erschöpft war.

Im Internet vielfach einsehbar, illustriert in bunten Charts, als Stichwort aufgelistet neben anderen häufigen Begleiterscheinungen dieser sogenannten Kinder migrantischer Familien wie beispielsweise »Flucht in die Fantasiewelt« oder »Transgenerationaler Transfer« das Wort »Parentifizierung«.

Jeden Abend wünschten sie sich beinahe einstimmig eine »Laku noć«. Mutter und Tochter schliefen wieder im selben Bett. Dreiundvierzig und zweiundzwanzig Jahre alt. Sie lachten auf dieselbe Art und Weise, waren gleich groß, hatten die gleichen Beine und schauten gemeinsam zu dem jungen Mann, der in die Pubertät gekommen war und sie von Zeit zu Zeit anschrie. Sie nahmen es mit Humor.

Beide schliefen sie mit offenem Mund. Sobald der Kater an der Tür kratzte, standen sie abwechselnd auf und öffneten ihm die Tür oder füllten seine Schale mit Futter. Beide schrieben sie seit vielen Jahren in ihre Tagebücher. Die Tochter zu Beginn, um die vielen Schulabbrüche zu überstehen, die Mutter auf der Suche nach ihrer Zeit für sich.

Seka schrieb über den Körper ihrer Mutter, um ihren eigenen zu sehen.

Wurde sie abends müde, nahm sie das Geräusch des Busses in Münsingen, in den sie gestiegen war, nachdem sie ihre Mutter im Spital besucht hatte, und die Kälte beim Warten mit in den Schlaf. Sie wollte den Mann vergessen, der sie mit Blick in ihre Tasche gefragt hatte, wie viele Bücher sie denn mit sich rumtrage. So auch die Fahrt zum Spital, die Luft auf dem Land am Abend. Sie lag im Bett und trug Worte an die Decke, schlug sie weiß auf schwarzen Grund neben die Lampe und drehte sich schließlich auf den Bauch, damit sie verschwanden.

Es blieben die gelben Wände des Spitals, das Gespräch mit der Rezeptionistin, das Telefonat mit der Pflegerin, die in eine andere Abteilung funkte, um zu sehen, ob ihre Mutter schon wach war. Ihr verneinender Kopf, sie schlafe noch. Auch die Furcht, dass die Mutter nicht mehr aufwachen würde.

Seka streckte sich längs im Bett und spürte ein leichtes Ziehen im unteren Rücken. Sie lag die Rückenschmerzen vom Tragen der Bücher aus.

Mutter und Tochter teilten die Erfahrung der Ohnmacht, wenn zur Anzeige dringende Beweise fehlten. Sie kannten den Vater als »Gewaltorgan«, wie Seka bei Herta Müller lesen würde. Jede für sich. Alleine. Ohne darüber zu sprechen, war dies die Erfahrung, die sie aneinanderband. Es band sie zum einen das Gefühl der Trauer, zum anderen die Wut, die so weit trieb, töten zu wollen.

Werkzeuge des Tötens?

Vielfach fantasiert: eine Pistole, ein Messer, die eigenen Hände.

Sie teilten auch den Anblick des jungen Mannes in ihrer Wohnung, der daran litt, dass ihm ein Vater fehlte. Er zog sich immer weiter in sein von konvexen Lichtern bestrahltes Zimmer zurück, in seine Games, seine Karten, die er malte, seine Welten, die er baute, bis ihm einfiel, dass er nichts gegessen hatte. Dann kam er raus. Aß etwas. Ging ins Bad. Duschte eine halbe Stunde lang. War der Kummer zu groß, hörte er auf zu essen, und auf die Frage, ob er rauskommen wolle, für einen kurzen Spaziergang in der Sonne, schrie er sie an.

Die Tränen in seinen Augen fielen erst auf seine Wangen, als man ihn anschrie, was ihm einfalle, mit seinem Suizid zu drohen.

Beide blickten sie auf seinen Irokesen und auf den ersten Lack auf seinen Nägeln. Seine Rebellion nahm die violette Farbe des feministischen Widerstandes an und kleidete sich, so erklärte er, in antifaschistischer Mode. In manchen Momenten war er so wütend, dass er zu zittern anfing und seine Hände krampften.

Beide sahen den ersten Sticker auf seinem Laptop: »Don't be racist – hate everyone.«

Sein Gesicht glich sich demjenigen seines Vaters an. Sein Kiefer wurde kantiger, seine Brauen wurden schärfer, seine Arme stärker.

Sein Gesicht glich auch demjenigen von Seka.

Diese Spiegelungen, als er sagte, manchmal falle es ihm schwer, draußen zu sein, Menschen zu sehen, deren Leben ihm das Gefühl geben würden, im falschen zu sein.

Beim Anblick ihres Bruders, der mit wenig Überzeugung seine Haut der Sonne zeigte und zu lachen anfing, als er die Datei sah und las, welche Namen sie ihrem Vater und Onkel gab, glaubte sie, die Dinge, die sie im Laufe der Arbeit fand, derart hinlegen und verorten zu müssen, sie so zusammenzubauen, dass sie etwas halten würden, sei es auch für ihn, auch wenn er, und das spürte sie ganz deutlich, eines Tages wütend auf sie werden würde, es war fast so, als würde sie es in Kauf nehmen müssen, um zu sehen, was geschieht.

Bestenfalls: Genesung, Rehabilitation.

Schließlich Niederungen.

Als der Nebel verschwunden war, sah sie ins Tal und die Berge der Alpen.

An ihren besten Tagen fühlte sie sich ihrer körperlichen Eigenschaften entbunden, als ginge sie in das, was sie umgab, ganz ein.

Dass ihr Großvater Ramiz neben Amir beigesetzt worden sei, erfuhr sie am Abend ihres Geburtstages.

Eine Schotterstraße führte vor ihr durch ein Ackergebiet. Sie betrachtete die Hühner des benachbarten Bauernhofes, sah die Wassertropfen auf ihren aufgeplusterten Federn und hörte das laute Krähen des Hahns. Sie wurde dreiundzwanzig.

Der beginnende Sommer fühlte sich auf dieser Höhe an wie Herbst. Amirs Tod lag zehn Jahre zurück. Sie stand am Hang auf einem Kiesweg und sah auf die Lichtung, das nasse Gras.

Auch im Katalog der Aufträge sogenannter Flüchtlingskinder verzeichnet: die unmögliche Aufgabe, jemand anderem (meist den Eltern) das Leben lebenswert zu machen.

Während sie den ausgeschilderten Wanderweg entlangging, dachte sie an Amir und an ihren Vater. Sie lief auf einen

Wald mit großen Tannen zu, deren Umrisse sie kaum noch erkennen konnte. Das Letzte, was sie von ihrem Vater gehört hatte, war, dass er seinen Haddsch antreten und die Kaaba in Mekka besuchen wollte. Ob er noch in der Schweiz war oder sich bereits nach Bosnien abgesetzt hatte, hatte sie nicht in Erfahrung gebracht, wollte es im Grunde nicht wissen, wünschte bloß, er würde sterben. Der Nebel wurde wieder dichter, es begann zu regnen. Das Wetter änderte sich hier binnen Minuten. Sie spürte, wie die Feuchtigkeit um sie herum zunahm, das Haar im Nacken zu kleben begann, und hörte, als sie in den Wald trat, unter dem Gewicht ihrer eigenen Schritte den Kies knirschen.

Der Regen grub Pfützen in den Weg.

Als Ramiz beigesetzt wurde, blieb Amirs Mutter nicht lange bei der Beerdigung, wurde zum Auto begleitet, wo sie sich beruhigte. Seit dem Tod ihres Sohnes begann ihr Körper bei jeder Anspannung zu zittern. Hielt man ihren Arm, spürte man es. Das Zittern erfasste erst die Hände, später den ganzen Arm, wanderte von einem zum anderen und befiel schließlich den restlichen Körper.

Mit einem Mal hatte Seka, als sie die Kisten öffnete, in Jahren zu lesen begonnen, die davongerissen wurden von einer Flut an Erinnerungen, die sie nie gelebt hatte. Mit kräftigen Armen zog sie die Bilder nun hinter sich her und glaubte die Dinge bis zu deren Bedeutung umzugraben.

Vor ihr führte ein steiler Hang ins Tal hinab.

Als würde sie bestimmten Fragen zutrauen, etwas zu halten oder wenigstens zu zeigen.

Als würde sie naiverweise an eine Übereinkunft eigener Erfahrung mit der von Fremden glauben.

Der Kies knirschte. Sie sah die Kühe grasen und hörte durch das Nebeldickicht eine Motorsäge, die in unmittelbarer Nähe der Hütte, in der sie geschlafen hatte, Bäume zum Fallen brachte. Vor dem Hof des Bauern stapelten sich die Holzscheite. Der kleine Wellblechverschlag stand an derselben Stelle wie zwei Jahre zuvor. Als sie vorbeikam, sah sie die Hühner in dem nachlässig eingezäunten Gärtchen stehen. Sie sah auf ihre Schuhe hinab und die Abdrücke, die sie hinterlassen hatten. Sie hörte einen Hund in der Ferne, sah den nun nassen Kiesweg, den sie entlanggehen würde und der sich auf der Lichtung in leichten Kurven am Hang wand. Sie fürchtete noch immer die Bären und Wölfe, die engen Pfade und Wege wie auch das Gestrüpp. Sie fürchtete noch immer ihren Vater, der auftauchen, sie zwischen Ästen und Bäumen packen und sie zu Boden zerren würde. Sie spürte die trockene Mundhöhle, die schwere Zunge, den plötzlichen Druck in der Kehle und hörte einen dumpfen Aufschlag eines Baumes in der Dämmerung.

»Otherwise, I think of you all the time. Your faces are constantly before my eyes.«

Was Muhamed an seine Frau Minka schrieb, begleitete sie Tag für Tag.

Der Nebel bestand aus kleinsten, in der Luft schwebenden Wassertröpfchen. Da sie das Licht gleichmäßig streuten, erschien er weiß bis grau. Seka war beim Gehen vollständig von den Schwaden eingehüllt. So dick sie auch waren, so dunkel die Dämmerung auch wurde, im selben Augenblick hatte sich der Nebel verflüchtigt.

Als würde auf jede Krise ein Moment der Läuterung folgen.

Sie blickte aus dem Fenster. Hin und wieder legte sie ihre Hand vor den Laptop, damit auch unweigerlich auf ihren Bauch, spürte die Wölbung. Die Fenster gaben den Blick frei aufs Tal. Sie nahm die Teilung ihres Körpers in Bauch, Brüste, Hüfte und Beine reglos zur Kenntnis.

Sie hatte keine Antwort gewusst, als sie vor zwei Jahren von ihrem Freund gefragt wurde, warum sie seit einer Stunde leise am Fenster saß. Sie wusste nicht, wie man beantworten sollte, welche Hoffnungen und welche enttäuschten Leben die Ansicht der Berge bot. Er hatte sich ins Bett gelegt und ein Foto gemacht, das sie an ihrem Laptop zeigte, wie sie tippte. Heute war sie alleine da. Der Bauer erschien auf dem Kiesweg. Sie sah das Schwanken des leeren Eimers, seine Zielgerade in Richtung Haus, in Richtung Wärme, in Richtung Stube. Sie las, der Nebel trete bevorzugt in den Tieflagen der Alpennordseite auf. Es wurde Nacht.

Auf der Kozara, einem Gebirgszug in der Nähe von Kozarac, mahne ein Betonklotz einer Schlacht, hörte sie ihre Mutter am Telefon sagen. Es sei ein Denkmal für die Partisanen, die dort während des Zweiten Weltkriegs im Kampf gegen die Faschisten ums Leben gekommen seien.

Auf der Fahrt zur Beerdigung fiel der Name eines Lagers, *Logor*, wie sie sagte, von dem sie noch nie etwas gehört hatte, heute wohl eine blecherne Halle mit dem Schriftzug »Arcelor-

Mittal« darauf. Es handelte sich hierbei um das ehemalige Lager Omarska.

Man glaubte, in etwas zu graben.

Und grub.

Bis die Arme stärker wären.

Bis man größer wäre.

Überlebensgroß.

Ein Mann, in den überlieferten Briefen und Dokumenten mit dem einfachen Kürzel »J.« versehen, blickte zum Schutt des Bergrachens zurück und schloss die Augen. Neben ihm fiel eine Ladung zu Boden. Es war das Jahr 1657. Auf der Hügelspitze stand ein großes Kreuz. Sein Beschlag hielt fest im Grund, seine Farbe war mehrfach nachgestrichen. Gegen die Witterung und für Gott im Rot der Silberader.

Das Kreuz zeigte auch den Eingang zum Schacht an, Holzbalken bildeten die Überdachung, der in eine Höhle führte ohne Licht. In ihm verschwanden Männer, ausgestattet mit einer Schaufel und einem Korb.

Sie las, die »Mita« sei von den Inka eingeführt worden, um Gebäude zu errichten und Straßen im ganzen Reich anzulegen. Der Dienst sei später, als die Spanier kamen, zu einer Zwangseinberufung von Männern im Alter zwischen achtzehn und fünfzig Jahren geworden.

J. befand sich in der Nähe von Potosí am Krater einer Mine, der ersten dieser Art. Sie wurde die mächtigste Mine beider Amerika. Auf der Hügelspitze des Cerro Rico, dem reichen Berg, stand das Kreuz. Rund um das Jahr 1500 fassten die ersten spanischen Siedler Fuß. Sie sahen, wie Silber aus dem Boden geschöpft wurde, und taten es jenen, denen sie es abschauten, gleich. Sie schöpften Silber und bauten eine Münzpresse. Ihr schweres und stumpfes Klirren läutete in Folge den Beginn der globalen Integration durch den Handel ein. Die Pesos fielen in Bastsäcken auf die Tresen der Märkte.

Mit dem Silber wurden die Soldaten und Seemänner ausgezahlt, die die Segel der Schiffe hissten. Alle starben sie gleichsam an den Folgen ihrer Arbeit. So auch J.

Cerro Rico wohl der Name desjenigen, der Menschen fraß.

Den Arbeitern fielen die Zähne aus. Ihre Haut wurde rau. Ihre Gesichter fielen ein. Sie wurden tobsüchtig. Die Nacht am Tag, das Leben unter der Erde, der Gestank bei Kerzenlicht und das giftige Quecksilber, das benötigt wurde, um das Silber vom Stein zu trennen, brachten jenen, die noch nicht durch die Grippe gestorben waren, den neuen Tod. Gegen diesen beteten sie in einer Kapelle am Fuße des Berges an. Den Arbeitern bleichte die Sonne auf 4800 Metern den Stoff der Kleidung, das Quecksilber den Verstand.

Ein Padre de los Santos, der vom Quecksilber verrückt geworden war, sei im Jahr 1757 eines Tages zu seiner Kirche gegangen und habe den ganzen Nachmittag die Glocken geläutet, »filling … the town with fear«. Mehrere Frauen hätten ihre Scheu überwunden und sich versammelt, um dem Priester und dem Pfarrer ihre Aufwartung zu machen, »to see if ... they could calm his mood ... [but] he would not see them, [calling them] bitches«.

Aus *Mercury, Mining, and Empire: The Human and Ecological Cost of Colonial Silver Mining in the Andes* von Nicholas A. Robins (2011).

Für wenig Geld und gegen den Hunger duckte sich J. bei der Öffnung des Schachts unter den Balken, als sich ihm eine Staubwehe näherte.

Vorgänge, die man heute umschreiben würde mit *Circulation of the Silver Peso*, *Commodity as Currency* oder *Colonial Imagination of the Subterranean*, mithilfe derer man Bögen schlagen würde zu den vielfachen Publikationen und Illustrationen in der europäischen Wissensproduktion des ausgehenden 16. Jahrhunderts und später.

Beispiele:

Johann Theodor de Bry, *Wie die Indianer das Goldt aus den Bergen graben* (1601).

Athanasius Kircher, *Mundus subterraneus* (1678).

Franz Ernst Brückmann, *Magnalia Dei In Locis Subterraneis oder Unterirdische Schatz-Cammer Aller Königreiche und Länder* (1727).

Allesamt imaginierte Abbildungen des »Inneren« einer Mine.

Die Bilder seien nach dem Vorbild von Johann Theodor de Bry angefertigt und im Laufe des 17. und 18. Jahrhunderts in unzähligen Publikationen erweitert und vervielfältigt worden. Dabei seien biblische Motive auf Potosí übertragen worden wie auch die Vorstellung von Hölle und Hitze, welche die Idee von einer unbekannten und möglicherweise gefährlichen Erde unterstützten.

Bäuche, Höllen, Schlunde.

Zur Bildung neuer Studien und Berufe rund um die Frage vulkanischer Aktivität habe der koloniale Silberbergbau entscheidend beigetragen, da man dort, wo die Erde unruhig war, reiches Vorkommen an seltenen Steinen vermutete, später würde sich daraus die Disziplin der Seismologie entwickeln (*sciences of exploration*) und wären deswegen noch auf jeder Karte des 17. Jahrhunderts neben Palmenwedeln auch Vulkane zu sehen.

Conclusions wie diese:

Der Abbau von Quecksilber, das zur Gewinnung von Silber benötigt wurde, habe da schon zur dauerhaften Zerstörung der Lebenswelt beigetragen, sein Handel auf dem neu entstehenden globalen Markt habe Amsterdam, Frankfurt, Lateinamerika, China, Indien und Orte darüber hinaus miteinander verbunden.

Mit dem Silber kam der Reichtum. Mit der spanischen Krone das Kreuz. Mit ihm verstarb J.s jüngstes Kind und mit dem Kind seine Mutter. Die Nachgeburt lag zwischen ihren Beinen. Das tote Kind hatte seine Augen geschlossen. Seine reglosen Hände waren zu Fäustchen geballt, als J. im Schacht verschwand.

Die Mine in Potosí war der Prototyp. Sie war Vorbild für tausende Minen, die in ähnlicher Weise operieren, womöglich der Welt den Boden abtragen würden.

Dreihundert Jahre später folgte ihr die Mine in Omarska.

Wo man grub.

Und grub.

Ohne dass die Gegenwart deutlicher wurde als die Vergangenheit.

Seka wusste, wie er aussehen würde, der eigene Tod. Die Matratze wäre blutig, der Büstenhalter auf den Bauch gerutscht, ihr Körper vergewaltigt. Sie sah den silbrigen Seziertisch und das mit dicken Stichen genähte Y auf ihrer Brust, ihre Innereien lieblos miteinander vermengt, das Blut mit einer Kelle vom Pathologen, nicht unähnlich einer Suppenkelle, aus der Brust laviert und nach der Untersuchung wieder eingegossen. So lapidar ein Pathologe, der täglich Leichen sezierte, im Umgang mit toten Körpern war, so lapidar waren auch seine warmen Hände an ihrer toten Haut am Werk, welche unmittelbar nach Todeseintritt kalt geworden war. Junge Haut schnitt sich besser, war einfacher in der Handhabung, der Stich der Nadel, die Fäden so glatt.

Schon oft hatte sie sich tot gesehen. Beobachtet von außen, beobachtet von innen, aus dem Spalt einer Tür heraus. Allein zuhause oder in einer Menge von Leuten bei einer Demonstration mit eingedrücktem Brustkorb, von den Händen des eigenen Vaters erwürgt oder in einer U-Bahn in tausend Teile zerfetzt, in kleinen Leibeshappen an der Halterung, an den Sitzen, auseinandergeschossen vom Druck, der Wut, der Einsamkeit eines solchen, der sich verloren fühlte in der Welt.

In Halle an der Saale sah sie das erste Mal eine aufgebahrte Leiche. Wider Erwarten lag sie bereits mit geöffneter Schädeldecke, nackt und massig in einem hell ausgeleuchteten Hörsaal. Ehe Seka begreifen konnte, was sie sah, machte sie kehrt, verließ das Gebäude der Pathologie und setzte sich draußen auf den Bordstein, nicht ohne zuvor unablässig vor- und zurückzugehen, als würde sie so zur Ruhe kommen, als würde die Tatsache, dass sie als Erste den Raum betreten hatte, nicht ahnend, was ihr bevorstehen und was sie sehen würde, so von ihr ablassen und sich ihr Körper, der sich nur schwer bewegte, ihr Atem, der sich nur langsam befreite, beruhigen.

Man legte im Laufe der Jahre Listen an, erstellte fortwährend neue Dokumente und ordnete sie entsprechend den Seminaren, glaubte, Verbindungen zu sehen, um im nächsten Augenblick enttäuscht zu werden. Man schrieb Aufsätze, bereitete Referate vor, um sich zu verhaspeln, schrieb Zusammenfassungen, in denen es hieß, die Einbildungskraft gewinne neue Macht bei der Herstellung des sozialen Lebens, und glaubte plötzlich, eins und eins nicht mehr zusammenzählen zu können.

Als Studierende wurde man gefragt, ob man sich mit diesen falschen Nägeln denn anfassen könne.

Man lernte etwas über multiple Modernen, so auch über die Sozialgeschichte weiblicher Widerstandsformen und über die kollektivierte Landwirtschaft in der Sowjetunion und Nordkorea.

Dass es nur Nägel seien, erwiderte sie.

Man betrachtete die Architektur der Hagia Sophia in Istanbul, die einst byzantinische Kirche war, dazwischen Moschee, einstweilig Museum und unter Erdogan wieder zur

Moschee wurde, las was von einer Schlacht bei Manzikert im Jahr 1071 gegen die türkischen Seldschuken.

Ob man ihm mit den falschen Nägeln seinen Rücken zerkratzen würde.

Las Abhandlungen, in denen es hieß, die Gebete in der Hagia Sophia führten heute zu irreparablen Schäden, der Atem der Betenden und der Schweiß der Füße lösten den Verputz und das jahrhundertealte Mosaik.

Man lernte etwas über den Widerstand der Sklaven während der *Middle Passage* auf dem Meer, ihre Aufstände auf dem Schiff bis hin zu den Foltermethoden in Jamaika auf den Zuckerplantagen.

Man würde sich um ein Haar am unteren Rücken ein Tribal tätowieren lassen.

Man las, das Laufband habe seinen Ursprung in den im 19. Jahrhundert neu erfundenen *correctional facilities* in Großbritannien, wo die Gefangenen auf Tretmühlen diszipliniert wurden. Tretmühlen, die nicht nur in Gefängnissen von Großbritannien, sondern auch großflächig im Britischen Empire verwendet wurden, insbesondere in der britischen Karibik.

Die Treadmill, das Laufband, zeigte heute den Stand von 7,68 Kilometern an, ihren Puls, den Sauerstoffgehalt im Blut. Seka wischte sich auf dem Hönggerberg mit Blick auf die vor dem Campus grasenden Kühe den Schweiß von der Stirn.

Um die Reproduktionsrate weiter zu senken, fanden versklavte Frauen mithilfe einer Pflanze Wege, ihre Schwangerschaften zu beenden. Sie entschieden darüber, ob sie Kinder in die Welt setzten. Zu jedem Zeitpunkt ihrer Gefangenschaft leisteten sie Widerstand, weigerten sich etwa zu essen, sabotierten die Plantage, gingen so weit, sich selbst zu verstümmeln, und flohen in die Wälder oder begingen Selbstmord durch den Sprung in die noch heißen Zuckerbecken.

Sie liefen stundenlang auf dem Treadwheel, vom Schlag der Peitsche begleitet.

Seka war im Wasser.

Man roch ein Sklavenschiff von weitem. Je nachdem wie der Wind stand, eilte der Geruch von Exkrementen und Blut der Ankunft des Schiffs im Hafen der Neuen Welt um Stunden voraus.

Bei Ankunft wurden die versklavten Männer und Frauen gebrandmarkt und mit dem Kürzel ihres Besitzers versehen, die Konfession derart variabel wie die Flaggen, die auf den Schiffen gehisst wurden.

Für manche bereits der dritte Name.

Das Wasser spiegelt das Licht, das durch das Fensterband seitlich in die Halle flutet.

Ein weiteres Bild.

Es spiegelt die Farbe der Decke, das Mosaik, seine Muscheln und Delfine. Seka und ihr Vater im Hallenbad. Er hat beide

Arme auf den Beckenrand gelegt, auf dem sie sitzt, nackt, maximal zweijährig, mit ihrer Hand auf seiner Stirn.

Von ihm ins Wasser geworfen, wartete er, bis sie wieder auftauchte. Das Schwimmen hatte zur Folge, dass sie Muskeln am Rücken spürte, von denen sie vorher nicht wusste, dass sie sie hatte. Es beuge, hörte sie, einer krummen Haltung vor.

War sie im Wasser, schlug sie mit ihren Beinen stark aus und stieß sich so auch vom Beckenrand ab. Ihr müder Körper schlief danach besser und ging ruhiger durch die Straßen nachhause. Sie ging jeden Abend zwischen neun und zehn Uhr ins Hallenbad, wo eine ältere, scheinbar an Demenz erkrankte Frau in ihrer Kleidung unter der Dusche stand und sich freute, wenn man ihr zur Verabschiedung einen schönen Abend wünschte. Auf dem Nachhauseweg stand vor Sekas Haus ein Mann, der im Türrahmen stehend masturbierte.

»Doggy: I like it the most.«

In Liedern und Zeilen, in deren Anwesenheit Städte gewechselt, Schulen begonnen und Liebesbeziehungen eingegangen wurden, zeichnete sich eine Richtung ab, nicht zwingend nach vorne, die wie ein fundamentaler Einschnitt im Leben vieler, in ihrer Wirkung nicht selten brutal und grausam war.

Mit Seka Aleksić gesprochen:

»Rani me u svome stilu, znam sve bi dao da ne vidiš me živu.«

Er solle sie in gewohnter Weise verletzen, sie wisse, er würde alles dafür geben, sie nicht lebend zu sehen.

Eine Sängerin, die vom Betrügen sprach, als würde man nicht nur sterben, sondern zugunsten einer Lösung, die man wohl nur selbst sah, verschwinden. Anne Carson, eine kanadische Dichterin, zeigte hingegen in *The Beauty of the Husband* die Taxis hin und her, die Telefonate, den Tango der erneuten Entjungferung, diesen letzten Stoß in eine andere, grausamere Welt.

Diejenige der geröteten Knie.

Beide legten diesen mit dem Körper vollzogenen Versuch der Wiedergutmachung, Wiederherstellung der Welt dar.

Ihre eigene Welt war eine einfache, wohl weil sie von Verhaltensweisen durchzogen war, von denen sie geglaubt hatte, sie vor ein paar Jahren hinter sich gelassen zu haben. Aber zu ihrem Erstaunen war sie nach wie vor dieselbe. Sie überraschte sich erst, als sie in Folge einer Erschöpfung für einen langen Zeitraum kaum aufrecht gehen konnte und im Waschbecken Blut sah. Ihre letzte Liebe galt den falschen Brüsten und Haaren von Seka Aleksić, dieser übersteigerten weiblichen Potenz, deren letztes Mittel der Rache das Androhen des eigenen Verschwindens war.

Auch ihre Wohnorte glichen sich über die Jahre, wenn auch nur in unwesentlichen Punkten: den Trams, Bürgerämtern, Bahnhöfen. Was sich wirklich geändert hatte, war der Antlitz des Todes, er wurde harmlos.

Diejenigen, die sie einst ernst genommen hatte, waren nun nicht mehr da, ihr die Welt zu richten, die Dinge, über die sie gesprochen hatten, sie waren bedeutungslos geworden, was zurückblieb, war ihr eigener Körper, die Warte, aus der sie die Welt wahrnahm, nach wie vor so seltsam kindlich:

Die Krofne mit Himbeer- oder Schokoladenfüllung vom Vater einst zum Verzehr angeboten.

Der Kiesel unter dem Strandtuch, der im Rücken schmerzte.

Der Vorgarten des Klosters in Dajla, wo die Street View auf Google Maps Halt machte, mit dem großen Baum, den sie nicht mehr sehen konnte, nur noch in Erinnerung hatte. (Dieser Strick.)

Die Fledermäuse in der Dämmerung.

Dasjenige, was man als Liebe verstanden hatte, das Meer und die vielen Bilder, die man in Träumen dort auslebte und später, sehr viel später mit der Erfahrung, wie sie letztendlich war, abglich, dort, wo man jeden Gegenstand zum Anlass nahm, alles mit allem in Verbindung zu setzen, das Material, Beton, den Kupfer der Statue, das Aluminium des Laptops, wurde auf die mögliche Bedeutung für das eigene Leben abgeklopft.

Man hielt die Hände geschlossen, hatte sie ineinandergefaltet und sie in den Schoß gelegt, man strich das Tuch auf den Oberschenkeln glatt. Diejenigen, die Arbeit hatten, plagte die Unfähigkeit, sich zu amüsieren, die als großer Misserfolg empfunden wurde. Sie wussten nichts anzufangen mit ihrer Zeit.

Auf der italienischen Autostrada im Mietwagen mit defekter Klimaanlage, kurz vor Mailand, lebte sie einzig allein für die wenigen Sekunden, in denen Edita sang: »Ma pusti pesmu, nek iseče me ko nož.«

Derjenige, der das Messer führen, in diesen Leib schneiden und sich das ihm Zustehende entnehmen würde, würde Edita zufolge (»Pucaj mi u srce«) eine Kugel aus dem Herz entwenden.

Stundenlanges Sichten dieser auf Muskeln und Schminke abgehungerten Körper jener Sängerinnen.

Ihrem Leben entglitten die üblichen Verrichtungen.

Zitternd entfernte Seka das Gel, das für die Untersuchung aus der Tube auf den Oberkörper gedrückt worden war, entfernte es mit dem Handtuch, das sie mitgenommen hatte, und besuchte anschließend Seminare bei Professoren, die meinten, ihnen gingen diese ganzen Werkstudenten auf die Nerven. Einige flüchteten vor diesen und zogen sich zurück an amerikanische oder britische Privatuniversitäten, wo sie das Tragen ihrer Fliegen ohne Argwohn ihrer Studentenschar fortführten.

Das Wasser hörte alle sechzig Sekunden auf zu fließen.

Sie ahmte die Bewegungen der anderen Frauen nach, streifte ihren Badeanzug vom Körper über die Beine ab und lernte, die Füße aus ihm zu heben und ihn an eine dafür vorgesehene Vorrichtung zu hängen. Sie wandte den Blick von den Körpern ab, die um sie herum standen. Manche zeigten bereits, dass sie Kinder zur Welt gebracht hatten, andere nicht. Manche würden es noch vor sich haben, andere vielleicht nie. Würde sie jemals Kinder kriegen? Würde sie jemals der moralischen Verpflichtung nachgehen müssen, die Kinder, die sie kriegen würde, auch zu lieben?

Es umgaben sie Körper, die in letztem Sinne weiblich waren, wenngleich sie über klare Geschlechtsmerkmale verfügten. Ihr sexuelles Potenzial wurde angesichts des Raumes vergessen. Der Fuß war da, um den Körper zu stützen, die Beine, um vorwärtszukommen, die Hände, um das Duschgel aus der Tube zu pressen.

Nahezu wie gegen die Schädeldecke geschlagen, wurde ihr die Stimme lästig, wenn sie sprach, als wäre ihr der Witz abhandengekommen und als wären die Worte, die sie wählte, nicht gut genug. So getaumelt gegen den Gaumen, gegurgelt beinahe schon, als man ihr sagte, man müsse eine weitere Probe entnehmen. Weil die erste Probe keine definitiven Urteile erlaube. Ihre Hände würden zittern, und es würde ein weiterer Schnitt folgen. In der linken Brust, gleich neben der ersten Narbe. Ein Lächeln blieb aus, sie lächelte auch nicht aus Höflichkeit, hierfür war sie zu müde. Stattdessen nickte ihr Kopf, als das Betäubungsmittel auf die Brust getupft wurde. Dieses Skalpell in der Hand der Ärztin, sie war blond.

Seka lag auf Papier, das einem Haushaltspapier ähnlich aus hygienischen Gründen über die Liege gelegt wurde. Sie hatte sich eben erst hingelegt, als schon das Gel aus der Tube auf die nackte Haut fiel.

»Achtung kalt.«

Das Gerät glitt bis hoch in die Achsel. Man schaute den eigenen Körper hinab. Dann an die Decke. Die Lampen. Abermals hörte sie »Achtung« und die Stimme der Pflegerin. Gleich werde es zwei Knalle geben, hörte sie und nickte, als man ihr sagte, das laute Pumpen sei das Vakuum, es sauge Gewebe ein.

Es knallte. Man erschrak nicht, man wurde ja gewarnt. Man erschrak trotzdem, ein wenig zeitverzögert. Auf dem Monitor sah sie ihren Puls.

»Kein Grund, aufgeregt zu sein.« Sie würden gleich die Nadel langsam rausziehen, vorher noch kurz verschieben. Seka wartete auf den Schmerz. Es folgte ein weiterer Knall. Sie schloss die Augen.

Was blieb?

Nicht zu unterdrückende Tränen beim Hin- und Herlaufen zwischen dem Badezimmer und dem Korridor.

Vom ganzen bisherigen Leben?

Ein Anschwellen der Lippen.

Die Lidstriche.

Das Leben in der Rückblende.

Diese in Slides zergliederten Vorträge (*Wardian cases, rubber trees, Amazonas, Frauen in Architektur*), unzählige Interessen, Verhängnisse dieser Art.

Die Aufnahmen der Kautschukplantagen in Belgisch-Kongo, der aufgeschnittenen Hälse, fehlenden Hände etc.

In den 1870ern seien die Samen des brasilianischen Gummibaumes mithilfe der *Wardian cases* nach Ceylon (Sri Lanka) und nach Malaysia verschifft worden, woraufhin der Ausbau der künstlichen Kautschukplantagen folgte.

Dieses *speírō*, »säen«.

Ihr späteres Setzen, das Wasser, ihre *cultivation*, allerlei Werkzeuge.

Ansicht dieser Zeichnungen der *Wardian cases* und ersten Kisten für Tee (gehandelt im Britischen Empire mit China, später Indien) als historische Vorläufer des heutigen Containers.

Als das Gerät mit kühlem Metallsensor über die Haut und ihre Brüste glitt, blieb der Geruch seines Haarwachses, der Wunsch, ihn zu vergessen. Manchmal roch sie ihn. Auf der Straße, in der Tram, auf dem Weg zum Postschalter. Sie drehte sich um und atmete tief ein.

Diese Besessenheit von Brüsten, ihrer Größe, ihrer Form.

Jeden Abend glaubte sie, unter der Dusche Veränderungen im Gewebe auszumachen, bevor sie im Anschluss daran, auf der Fahrt in die Klinik die Angst vor neuen Knoten heimsuchte. Dabei konnte sie lesen, verstehen, was man von ihr wollte, und doch traute sie dem eigenen Empfinden nicht, sie wusste nicht mehr, was sie zwischen ihren Fingern spürte.

Jedes Mal hörte sie die Bitte, sich hinter dem Vorhang zu entkleiden. Jedes Mal wurde das kalte Gel auf die Brust gedrückt. Und dennoch blieb sie ratlos vor dem Bildschirm zurück. Sie hörte das Klicken neben dem Monitor. Die Ärztin machte kleine Screenshots vom Gewebe.

Dieses Kompliment: Man habe schöne Brüste.

Neue Knoten?

Keine.

Dieses doppelte Interesse an den Brüsten. Zum einen als sexueller Topos, zum anderen als Instrument der Ernährung.

Screenshots, so grau meliert.

Die Anspannung entlud sich jedes Mal in Form von Tränen. Hinter dem Vorhang erwartete sie ein unschickliches Gesicht im Spiegel. Der Gedanke, ob das wirklich sie sein könne, bekam eine Wendung durch die Frage, ob das nun wirklich sie gewesen sei. Sie entfernte das Gel mit den Tüchern, die ihr die Ärztin reichte. Der Büstenhalter lag auf dem Stuhl hinter dem kleinen Vorhang. Mal lag ein T-Shirt daneben, mal ein Hemd, mal ein Schal. Sie deuteten mal auf eine warme, mal auf eine kalte Jahreszeit hin.

Anschließend folgte der Wurf der Tücher in den Müll.

Dieses Symbol weiblicher Unzulänglichkeit, nur eine Operation vom idealen Zustand entfernt.

Sie unterschrieb ein Dokument, auf dem zwei Kreise abgebildet waren, die ihre Brüste darstellten. In sie wurden kleine Punkte von der Ärztin gezeichnet. Sie hatte zugestimmt, die Knoten entfernen zu lassen.

Diese im 19. Jahrhundert rassifizierte Auslegung der europäischen idealen, unverbrauchten, kleinen und weißen Brüste gegenüber denjenigen der Frauen in Afrika, die so lang gezogen auf ihren Bäuchen rumhingen, »pendelähnlich« schrieb man, als Zeichen der schon rein körperlichen Überlegenheit.

Man werde immer ein Auge darauf haben müssen. Gutartig und bösartig würden auf einer Skala zwischen null und sieben eingeteilt, und mit einem Strich würde entschieden, wie bösartig dieser sei.

Sie stand unter der Dusche im Hallenbad und hob den Kopf. Die meisten Frauen standen mit dem Gesicht zur Wand, rieben die Lotionen auf ihre Körper, schrubbten ihre Füße, kämmten ihre Haare und wickelten sie ein in ein großes Tuch.

Als wären ihre Körper solche, um die sich keiner je gezankt hatte, als wäre der Körper einer, der immer gleich gewesen wäre.

Körper seien historisch spezifisch und variabel, viel eher Attrappen, mithilfe derer man politische Großthemen erzählen könne. Im Laufe der Festigung kapitalistischer Warenströme sei er fit und stark geworden; durch ihn würden Klasse, nationale Identität und Werte getragen, er sei eine Schablone ökonomischer und politischer Organisation, hätte einem nie gehört, sondern der Arbeit und den Kindern, die Idee, er könne einem selbst gehören, sei eine Sache neuerer Zeit.

Die Brust wurde ein ästhetisches Projekt. Sich ihrer zu schämen oder sich ihre Gestalt anzueignen später eine Wahl.

Das moderne Selbst sei wohl erst eine zweihundert Jahre alte Imagination, welche sich durch die Erfindung des Buchdrucks und der Alphabetisierung der Massen vervielfältigte.

Das »Ich« ein Trugschluss.

»Now you look like sixteen.«

Manche zogen sich direkt an, andere liefen im Tuch eingewickelt von der Dusche in die Umkleide, andere blieben nackt. Sie föhnten sich die Haare oder verschwanden aus der Garderobe ohne einen einzigen Blick in den Spiegel.

Das moderne Selbst erfand Mittel und Wege im feministischen oder im medizinischen Gewand, die Brüste als Handlungsraum zu erschließen, die man mittels chirurgischer Einwirkung verändern konnte.

Diese Komplimente: Man sähe jung aus, hätte weiche Haut, wäre so sanft.

Sie lachte.

Dieser Ruf des eigenen Namens, das Umdrehen, das Aufhorchen, der Gedanke, man würde gemeint werden.

Langsam würden sie verenden.

In der Tram aufgelesene Jünglinge, die sie in literweise Benzin ertrinken sehen würde, um sie sodann, noch halb bei Bewusstsein, auf ein Sofa zu legen, sie auszuziehen, die Hände zusammenzubinden.

Das waren ihre Träume.

In einem Laden für Malbedarf in einer kleinen Küstenstadt in Italien antwortete sie auf die Frage »Where are you from?« unverhofft mit »Zurich«, was ihr angesichts länger andauernder Verwirrung rund um ihre *whereabouts* vielsagend schien.

Zürich verfügte über eine Infrastruktur und Einkaufsmöglichkeiten, mit denen man leichterhand weitere Städte hätte ausstatten können. Nahverkehrsmittel, Gesundheitsämter, Steuerbehörden und Schwimmbäder, die groß und sauber waren. Die Stadt kannte Balkone, auf denen Pizza gegessen und Wein getrunken wurde, kannte Hände, die Brüste abtasteten, da diese schmerzten, kannte das Pochen und Ziehen, den Schmerz, der hoch in die Achselhöhle zog und von der einen Brust zur nächsten wechselte.

Seka las Bücher, machte Sport, hörte auf, ihren Körper abzutasten vor Angst, neue Knoten zu spüren. Sie lebte schließlich in einer kompletten Ignoranz ihres Körpers, obschon er Gegenstand unzähliger Bemerkungen wurde.

Sie liebte die Wohnung, in der sie Rückzug fand, insbesondere die schweren Vorhänge, die sie von außen abschirmten.

Mit den Tassen, die ihr dank ihrer Vorsicht nicht zersprangen, mit dem Wohnzimmer und den Regalen mit Büchern, Notizheften, die nicht ihre waren, mit dem Drucker, den sie nicht an ihren Computer anzuschließen wusste, und all den Dingen, die sie zurücklassen konnte, da sie nicht ihr gehörten.

Sie zog sich zurück, in die Zimmer, die Küche, das Bad. Aus dem Küchenfenster sah sie direkt ins Badezimmer der Nachbarn. Sie hatten eine offene Dusche neumodischer Art, ohne Schiebetür. Abends konnte man die Umrisse ihrer Körper beobachten. Seka liebte die Wohnung, weil sie groß und Seka in ihr alleine war. Der Boden hatte ein diagonal verlaufendes Parkett, man gelangte durch einen Rundbogen ins Wohnzimmer. In ihm stand ein kleines Gästebett. Man setzte sich hin und tat nichts. Hielt aus, in einer Stadt alleine zu sein. Seka machte sich mit dem Gasherd vertraut. Weil er nie gleich ansprang und sie sich nicht überraschen lassen und verbrennen wollte, gab es häufig kaltes Essen wie Salat, Aufschnitt, Brot mit Käse.

Drei Monate später wurde das Haus abgerissen.

Man lief durch das Treppenhaus, dessen Lichter kaputt waren, an Müllsäcken, Eimern und Fahrrädern, Einkaufstüten, Gläsern und Papierstapeln, unzähligen Umzugskisten und einer achtlos hingeworfenen Sporttasche mit Kleidung vorbei, die hin und wieder von Personen, die sie nicht kannte, durchwühlt wurde, welche sich an Ort und Stelle umzogen und ihre Kleidung auf der Tasche liegen ließen. Hin und wieder kamen Fachleute in weißen Anzügen, entnahmen Proben aus der Wand, dem Boden, prüften sie auf Gift, auf andere Stoffe, erschreckten Seka, die es nicht gewohnt war, dass an der Tür geklopft wurde, und baten um Einlass, um auch in der Wohnung bestimmte Messungen vorzunehmen.

Zwei der vier Wohnungen im Haus standen bereits leer, und glaubte sie beim Vorbeigehen auf dem Weg zur Universität dennoch Geräusche aus ihnen wahrzunehmen, prüfte sie abends dreimal, ob die Tür abgeschlossen war. Als sie auf einen Nachbarn traf, das einzige Mal in den drei Monaten, sagte er, Leute aus dem Haus nebenan würden hin und wieder in den Wohnungen übernachten. Es sei eine Einrichtung, die sich um Suchtkranke kümmere. Im Erdgeschoss habe sich, so erklärte er ihr auf Nachfrage, weil sie auch dort hin und wieder Licht brennen sah, ein Architekturstudent eingemietet, der an seinem Abschlussprojekt arbeite. Ein Freund von ihm, sagte er, ganz nett.

Nach jedem Männerbesuch zuhause zog man die Wäsche vom Bett. Am nächsten Tag putzte man die Wohnung, riss die Vorhänge zur Seite, welche die Staubschicht auf dem Boden verdeckten.

Sie lief.

Sie las.

Am See brauchte man sich die Frage nach dem Überleben nicht zu stellen. Ihre größte Sorge war die Sonne und die Sonnencreme, die ihr fehlte, war die Frage nach dem gebotenen Anstand, sich nicht zu nah an eine Person zu setzen, das Handtuch weit entfernt von einer anderen zu legen, war, nicht zu lange in ein und dieselbe Richtung zu schauen, man könnte jemanden dadurch befremden oder Aufmerksamkeit suchen, war die Frage, ob die eigenen Hosen nicht zu knapp, die Brüste nicht zu üppig, auch nicht zu flach und die Blicke in die Baumkronen nicht zu einsam sein könnten.

Die Polizei schritt das Ufer ab.

Sie suchte nach den Eltern des Kindes, das aus dem Wasser gezogen worden war. Das Ufer am Strandbad war breit und lang. Die Eltern konnten noch im selben Moment sitzen und lachen, in der Sonne liegen, nicht ahnend, dass ihr Kind soeben in einem aufgebauten Zelt, das Sichtschutz gewährte, wiederbeatmet wurde. Die Badetücher lagen auf dem Boden, die Sonne schien auf die Rücken, die Enten flogen auf vom See, Haare wurden zusammengebunden und Fußbälle hin und her geworfen. Man sprang vom Sprungbrett und stellte sich beim Kiosk in die Schlange.

»Qu'est-ce qui se passe?«

Seka sah eine Frau auf der Treppe weinen. In der Sekunde, in der sie das Bad betreten hatte, war der Alarm losgegangen. Sie fragte, ob alles in Ordnung sei, woraufhin die Frau kaum vernehmlich, mit leiser Stimme fragte: »Is she dead? My husband is right there. He has seen it. All of it.« Am Telefon sagte jemand »Djete«, auf Bosnisch *Kind*, »umrlo«, *gestorben*. »Yes, dead.« Seka verstand nicht, was los war. Am Strand wurden Tücher zusammengefaltet, und sie sah, wie das Kind an Monitore angeschlossen wurde. Es wurde auf die Bahre gehievt. Polizisten liefen das Bad ab und befragten Personen zu den umliegenden Plätzen. Sie zeigten auf ein leeres Handtuch und fragten die Gäste, was die Person getragen, wie sie ausgesehen habe, wie groß sie sei.

Polizisten hatten so einen sicheren Gang.

Keine Angst haben hieß Dinge tun. Insbesondere nachts. Vorkehrungen treffen wie Putzen oder Aufräumen: mechanische Vorgänge, welche die Hände oder am besten gleich den ganzen Körper beanspruchten. Diese Vorgänge lenkten ab, beschwichtigten, rissen los, nahmen abends den Blick von der Tür und dem Schloss.

Sie war körnig, nahezu unscharf und schwarzweiß.

Ein Querformat mit Fingerabdrücken und Flecken.

Seka betrachtete die Fotografie.

Was ihre Großmutter Majka durch die lange Ehe, die Schläge und die ständigen Fragen nach dem Einverständnis, ob sie Geld ausgeben dürfe, getragen habe, sei der Glaube gewesen.

Sie haben ihre beste Kleidung angezogen und ihr Haar zuvor ordentlich gekämmt. Sie tragen Pullover mit kurzen Ärmeln und Blusen mit spitzen Kragen. Sie stehen vor einer Wand und blicken in die Kamera. Bereits im Vorfeld haben sie erfahren, dass an diesem Tag jemand kommen und sie fotografieren würde. Sie halten die Köpfe gerade, strecken die Rücken. Es sind Sekas Großmutter und ihre Großtante.

Sie habe ihren Mann Ramiz nie wirklich gemocht.

Zu seiner Beerdigung hatten sich die Frauen Tücher umgelegt und die Männer den Toten ohne Sarg zu Grabe getragen. Der Leichnam war nach seiner Waschung in ein langes Leinentuch gehüllt worden. In getrennten Teilen der Moschee hatten sie die Gebete des Hodschas nachgesprochen. Sekas Mutter erzählte, das Gesicht von Majka sei steinern gewesen, sie hätte die Zeremonie durchgehalten, obwohl sie nicht kommen wollte, da sie Sorge hatte, umzufallen. Da er im Ramazan gestorben war, eingeschlafen war ohne große Schmerzen, fastete ihre Großmutter weiter. Nach dem Begräbnis zog sie sich zurück und begann die vierzig Trauertage.

Die nächste Fotografie hatte auf einer Handinnenfläche Platz. Sie war sepiabraun und viereckig.

Eine Frau hat in der Armbeuge eine Ledertasche hängen, die seitlich ihr Bein berührt. Auf der anderen Seite ist ihr Ehemann, dessen Arm sie fest umschlossen hält. Sie sind festlich gekleidet: Ihre karierte Bluse hat erhöhte Schulterpolster, die Hose an den Beinen einen Schlag. Die Haare wurden zuvor in Wickler gelegt und dann zur Seite gekämmt. Es sind Johnny und Roswita. Er trägt einen einfarbigen Anzug, dazu ein wahrscheinlich bunt geflecktes Hemd. Sie stehen vor einem Gasthof, einem zweistöckigen Haus mit gekacheltem oberem Stockwerk. Es ist ihr erster Arbeitgeber in der Schweiz. Die Tische und Stühle sind hochgestellt und aufgeklappt. Die Saison des Jahres 1977 hat noch nicht begonnen. Die Büsche vor dem Haus sind karg, die Erde ist noch ohne Gras. Hinter dem Haus sieht man einen Berg, lichte Felder und dunklen Wald, wiederkehrende Punkte alpiner Hochlandschaft.

Inmitten des Heus und des Geruchs des Stalls galt Majkas Aufmerksamkeit dem Eimer, in den die Milch unter unruhigem Zucken der Kuh floss. Als Kind habe sie oft neben ihr gestanden und so lange geflucht, bis sie ihr zuhörte. Sekas Mutter habe ihn nie durchbrechen können, diesen Schutzmantel, den sich Majka in ihrer langen Ehe mit ihrem Mann umgelegt habe. Sie habe immer eine gewisse Zurückhaltung gespürt und ihre Mutter sich einen bestimmten Rest gewahrt, der nur ihr gehörte, eine kleine Distanz, die sie vor dem Zusammenbruch schützte, die sie gegenüber ihren Kindern hatte unnahbar werden lassen. Diese Distanz habe sie vor dem geborgen, worüber sie später in ihren Gebeten berichten würde, bei Gott.

Der Rotwein schaukelte in den Händen ihrer Mutter in gefährlichen Wogen gegen den Rand des Glases. Ihre Mutter stocherte mit einer Gabel in ihrem Salat. Seka telefonierte mit ihr via Skype. Die Sehnsucht ihrer Mutter nach den Eltern, das Warten darauf, dass sie aus der Schweiz zurückkommen würden, wurde durch die Aussagen der Nachbarinnen, »Sie kommen bald«, noch verschlimmert.

Und selbst als sie da waren, sagte Sekas Mutter, konnte sie sie nicht erreichen und diesen Schutzmantel nicht durchbrechen. Nicht mit ihren Flüchen, nicht mit ihren Geschichten und nicht mit ihrem Bedürfnis nach Wärme und Zuwendung. Buchstäblich nicht mit ihrer Mutter reden können habe sie. Auch heute wisse sie nicht, ob sie ihr jemals zugehört, geschweige denn sie je verstanden habe.

Seka beobachtete ihre Mutter auf dem Bildschirm.

Ein Mädchen, das im Mai 1977 zur Welt kam. Das dritte von vier Kindern. Neben der Schotterpiste wurde der kleine Nachweis ihrer Existenz im Jahr 1980 festgehalten. Die Fotografie zeigt sie in roter Kleidung, wie sie auf einer Bank auf dem Grundstück ihrer Eltern steht. In ihren kleinen knopfrunden Händen hält sie ein Stück Brot, von dem sie Momente zuvor ein Stück abgebissen haben muss, das ihr jetzt die Wangen beult.

Auf einem weiteren Bild hat Majka ein Kleinkind auf dem Schoß und blickt zu Boden, anscheinend beschämt über die Aufmerksamkeit, die ihr zuteilwird. Ihre ältere Tochter hingegen schaut mit wachem Gesicht zum Fotografen. Sie trägt ein hellblaues Kleid und einen Pullunder. Seka sieht, welche Züge die Mutter ihr weitergegeben hat. Sie haben die gleichen Arme, die gleichen kurzen Haare, das gleiche rundliche Gesicht.

Hier eine Anmerkung der Mutter, sie solle die Grübchen nicht vergessen.

Umschlossen von grünen Bäumen, niedrigen Büschen, gelben Gartenblumen, hatte man sich etwas unbeholfen vor die Geranien gesetzt. Im Hintergrund der Zaun, der das Grundstück begrenzt. Man hatte sich fotografieren lassen, sich zeigen wollen mit dem kleinen blonden Kind, das in der Schweiz geboren wurde. Das vierte von vier Kindern, Sekas Tante. Der Familiennachzug der Kinder würde erst viele Jahre später erfolgen.

Die Winde wehten über den Alpenkämmen mäßig bis stark, in den südlichen Gebieten teils auch stürmisch. Im Südtessin griff der Höhenwind bis in die Niederungen hinunter.

In Kozarac wurden heute Stromleitungen wie Wasserleitungen verlegt.

Ein halbes Jahr vor Ramiz' Tod, hörte Seka ihren Onkel lachen. Anstatt die Leitungen zwischen Masten in die Luft zu spannen, verlegten die Leute sie in den Boden. Sie lachte und sah dabei auf ihren Onkel, der einen Zahnstocher aus dem Portemonnaie zog, und ihre Tante, die bei Sekas Anblick beteuerte, wie froh sie sei, nicht mehr zwanzig zu sein.

Die Stimme ihres Onkels wurde leiser, als er auf Nachfrage erklärte, weshalb die »Alten« kein Wasser aus der Leitung tranken.

In der Nähe sei wieder ein Grab mit Leichen gefunden worden. Das habe sich jetzt irgendwie mit dem Grundwasser – er zögerte und schloss den Satz mit: »Auf alle Fälle kann man das nicht trinken im Moment.«

Die »Alten« waren nach der Pensionierung nach Bosnien zurückgekehrt. Aufgrund der Kontamination kauften sie ihr Wasser nun im Laden im Sechserpack und beklagten sich über das schwere Tragen.

Sie erzählten sich von der Gefahr durch Landminen, die von den Fluten aufgespült wurden, kamen auf chinesische Investoren zu sprechen, die auf dem Balkan Wasserwerke bauten, sprachen bei einem Mittagessen auf der Grossen Schanze über jüngste Unwetter.

Durch die vom Regen beschlagenen Scheiben sahen sie stumm auf die Dächer der Stadt. Sie dachten darüber nach, wo man bei den Überschwemmungen wem wie helfen könnte.

Als eine Freundin in der Kantine der Universität in Ohnmacht fiel, reichte es für ein »Hvala«, als sie ein Glas Wasser entgegennahm von einer, die laut Namensschild Sadeta hieß, was in Seka, beim Aussprechen des Wortes ein Gefühl lostrat, das an Unbehagen grenzte, zumal sie sich fragte, was es in ihr war, das sie veranlasste, ihr so zu antworten.

Man sah aus dem Garten ihrer Großmutter direkt auf das drei Gehminuten entfernte Memorial Center und die Moschee, die Zelte, die jährlich zur Bestattung der identifizierten Leichname, beigesetzt in bosnischen Fahnen, aufgebaut wurden. Während sie die Wäsche aufhingen, die Frage, ob man hingehen werde, ob Majkas Verfassung gut genug dafür sei.

Mit ausreichend Wasserflaschen in den Taschen liefen sie über verlassene Grundstücke ausgebrannter Häuser zur Beisetzung.

»Tell him to go on studying and tell him a hundred times over that his daddy loves him much, much more than he loves himself. I do not even think about myself any more, but he should be an upright and honourable man.«

Der Brief von Muhamed an seine Frau Minka war in originaler Fassung zwei Seiten lang. In englischer Übersetzung nur noch knapp eine.

Zuvor stand Seka vor dem Schrank, wählte ein Kopftuch und suchte Kleidung, die ihre Arme und Beine verdecken würde.

Bei der Beisetzung erwartete sie der Anblick militärischer Uniformen, sie sahen ehemalige Kameraden der Beigesetzten, politische Abgeordnete, die Imame mit Sonnenbrillen, die Familien aus aller Welt, die gespannten Schirme gegen die Mittagshitze, die Wasserflaschen gegen den Sonnenstich. Es war, als schaue sie eine Dokumentation, als fehlten die Untertitel.

In den Vitrinen ausgelegte Gebisse, Brillen und Schlüssel.

Später auf dem Rückweg die hinuntergelassenen Scheiben eines vorbeifahrenden Autos, und als sich ihre Großmutter, nass vom Schweiß, am Straßenrand auf eine kleine Mauer in den Schatten setzte, die Frage, ob man sie nachhause fahren müsse.

Wie fern ihr die Erinnerung an diese Frauen schien, von denen sie in Artikeln las, wo sie sie doch kannte und wusste, dass sie über ihren Schmerz hinaus auch noch über ein weiteres, anderes Leben verfügten, ein einfaches, in jedem Sinne wirkliches, nicht zu Wort gebrachtes.

Als sie mit ihrer Mutter einen Spaziergang in die Umgebung machte, sie von den ganzen bellenden Hunden aber abgeschreckt wieder zurück ins Dorf gingen, traf ihre Mutter eine alte Schulfreundin, mit der sie sich für den nächsten Tag um sieben Uhr früh auf einen weiteren Spaziergang verabredeten.

Am nächsten Tag um sieben Uhr früh hatte sich schließlich der halbe Komšiluk, die halbe Nachbarschaft, jedoch nicht besagte Schulfreundin am Treffpunkt eingefunden.

In den letzten zwanzig Jahren waren weiße Pflöcke auf grünen Wiesen eingeschlagen worden, etliche davon blieben namenlos. Errichtet wurden sie für die Hinterbliebenen und würden im Fernsehen übertragen werden, sich so in die Erinnerungen vieler Kinder einschreiben, die nicht wussten, was das bedeutete, und zugleich aber spürten, dass es genau das war, was sie später von anderen unterscheiden würde.

»Mrs. Čehajić told the court that she attended exhumations in Bosnia and Herzegovina in the hope of finding her husband. ›Every time I went there, I knew that there was nothing to recognise him, that that was impossible. But still I had a need to go every time for this identification. And every time, I went through a terrible thing. It was very difficult for me, but I had to do it for my husband. I had to go and see.‹«

Der Nebel zog auch ins Flachland. Im Schweizerischen Bundesarchiv liefen die Scheiben der Fenster an.

Sie betrachtete ein Dokument vom 5. Mai 1980, das ihren Blick auf diese – allem Anschein nach eigenwilligen oder -artigen – Gastarbeiter schärfte. Es war ein Videomitschnitt. Die prototypische Wiedergabe eines solchen, der dankbar sein musste, der froh sein durfte, dass er überhaupt hier, dass er einen Fuß auf Schweizer Boden setzen und arbeiten durfte. Die erlernte Emotion und Regung, die er vor dem Schweizer Fernsehen verlautbaren konnte, war die der Dankbarkeit und Sentimentalität. Der Arbeiter, der sich froh wusste, dass er in der Schweiz war und die Vorzüge eines Schweizer Lohnauszuges genießen durfte, war der Jugo, war dieser Mann, der sagte:

»Es gibt keine Worte, keine Schreibmaschine, welche kann das schreiben.«

Er stammelte beim Sprechen auf der Suche nach den richtigen Worten. Sein Satzbau war fehlerhaft.

»Es gibt keine Worte, welche kann das sagen, was er bedeutet hat.«

Das Mikrofon wurde weitergereicht. Mit leicht geneigtem Kopf sprach ein weiterer von ihnen ins Mikrofon.

»Von seine Denkung für die Arbeiter haben wir viel profitieren. Wir dürfen heute überall gehen arbeiten und können wieder zurückgehen, wann wir wollen, nach zehn Jahren, nach zwanzig Jahren und so weiter, und haben wir immer dort für uns einen Platz reserviert.«

Der Kameraschwenk zeigte die Arbeiter, wie sie nickten.

»Die ganze Entwicklung von Neujugoslawien war unter einem Führung, dass er war eine gute – wie können wir sagen – ein Vater für uns. Dass er hat uns in eine Zukunft geführt, was für uns wirklich gut ist.«

Die Befragten trugen blaue Kittel, führten eine Stempelkarte in der Jackentasche und hielten mithilfe dieser die Arbeitszeit fest, welche ihnen für die Saison einen festen Platz in der Welt zuwies. Im Jahr 1980 antwortete der einfache Gastarbeiter auf die Frage, wie es ihm denn gehe, jetzt da Tito gestorben sei, er sei froh, hier zu sein. Er sagte, man würde seinen Plan fortsetzen, seine friedliche Ideologie weiter in die Welt tragen. Tito sei schließlich immer ein Freund der Arbeiter gewesen. Sagte, man sei ihm immer dankbar für seine Verdienste um die einfachen Leute. Man werde seinen Plan auch nach seinem Tod fortsetzen.

Zwölf Jahre nach seinem Tod 1980 kam der Krieg, die Arbeiter in der Schweiz, in Deutschland, in Österreich gingen nicht wie beabsichtigt nach zehn, zwanzig Jahren zurück, sondern blieben.

Rückblickend hier dieser Shift von erster, wenn auch gemäßigter Toleranz bei Entdeckung der Tatsache, dass die Leute bleiben wollten, hin zur verstärkten Regulierung bei Ausstellung der Arbeitspapiere.

Was mit ihren Frauen war, welcher Lauf der Dinge ihnen gebührte, blieb außer Sicht. In der Schweiz fand man sie in den letzten Winkeln des öffentlichen Raumes und störte sich an ihrer Erscheinung, wenn sie auf die Straße traten, obschon sie alle Vorzeichen der Modernität trugen: die Mode, die Arbeit. Aus der Öffentlichkeit verschwanden sie in den Waschküchen und Betrieben, zuckten lediglich mit den Schultern, wenn sie mit anderen Namen angesprochen wurden, weil ihre richtigen dem Arbeitgeber beschwerlich waren (*Roswita*). Nur ein totales Reset des bisherigen Sprachgebrauchs erlaubte ihre vollkommene Übereinstimmung mit der vorhandenen Lebenswelt, eine vollkommene Übereinkunft mit der vorherrschenden Ordnung, welche nur eine Lösung bereithielt: das langsame, aber stete Verschwinden durch die totale Assimilation, die durch den Erwerb des Schweizer Passes bekräftigt werden sollte.

Es gäbe wiederkehrende Muster: zuerst die politischen Exilanten, schließlich die Eliten, später die »Arbeit Suchenden«.

Sie lernten, welche Gerichte die Schweizer aßen, lernten, wie viele Gemeinden die Schweiz hatte, und mussten über die

Aufgaben des Stände- und Nationalrates genauestens berichten sowie die Gründungsgeschichte der Schweiz rezitieren. Sie sagten *Rütlischwur*, sagten *Chuchichäschtli* und lernten, über ihre Fehler zu lachen. Sie nannten jeden Deutschen einen Schwaben.

Die Lebenswelt der jugoslawischen Arbeiterinnen und Arbeiter wurde in ihrer Grammatik nach den Regeln des bosnischen Sprachgebrauchs bestimmt und mit deutschen Worten bestückt. Was blieb, war eine leichte Disruption des Regelwerks, das mehrdeutig, von einer gewissen Schwäche gekennzeichnet war und seine Sprecher durch ihre Verunsicherung von ihrer Umgebung unterschied.

Sie ließen ihre Kinder in der Regel ein halbes Jahr unbeaufsichtigt, bekamen die Berge nur zu Gesicht, wenn sie die Pässe befuhren, um die Alpen zu überqueren. Ihr Leben war das der Arbeit und der Sprachkurse. Es richtete sich nach dem Wunsch, in Ruhe gelassen zu werden und zugleich am Leben, welches sie umgab, teilnehmen zu wollen.

Der in einer weiteren Sprachaufnahme, beim Eisessen geäußerte Hinweis ihrer Tante, ihre Eltern hätten in der Schweiz die Akzente der auf der Arbeit kennengelernten Kroaten und Serben übernommen.

Später wurde die sozialistische Utopie Titos wie eine doppelt belichtete Fotografie von der nationalistischen überlagert, welche das Wesen des nationalen Seins auf die Grundlage der richtigen Blutgruppe bezog (frei nach Dubravka Ugrešić).

Der Frieden wurde instand gehalten, indem politische Gefangene in Arbeitslagern interniert wurden. Auf Inseln wie

Goli Otok wurden Männer und auf der benachbarten Insel Sveti Grgur Frauen festgehalten.

Die Nackte Insel und der Heilige Gregor.

Sie scrollte in einem Paper und sah Titos privaten Zoo mit Tieren aus Asien und Afrika, Gastgeschenke der sich gerade erst formierenden neuen *nation states*, auf der Inselgruppe Brijuni im Adriatischen Meer.

Seiner Einladung auf die Insel folgten Ho Chi Minh, Nasser, Nehru etc., woraus dann die Bewegung der Blockfreien Staaten hervorging. Zu sehen: Titos inszenierte Brüderlichkeit frisch dekolonisierter Staaten: Indien, Ägypten, Vietnam etc.

Blockfrei, eine Kraft für sich.

Man sieht sie sitzen im Segelboot, Männer von Welt, mit diesen Moskau und Washington entgegengesetzten, eigenen, auch so oft divergierenden Gedanken.

Späteres Staunen über die Entdeckung einer Statue von Josip Broz Tito in Mexico City, der Abglanz einer Zeit internationaler Bedeutung.

Weiter zu sehen: die letzten noch lebenden Exemplare der Geschenke ehemaliger afrikanischer Präsidenten, Zebras, die noch heute auf Brijuni eingezäunt waren und schwer auf dem Rasen lagen.

Einer von acht Naturschutzparks Kroatiens.

Tito, der Tierfreund und Konservatist.

Unweit der Inseln Brijuni die kroatische Küstenstadt Pula, die in ihrer Familie als erste Flüchtlingsunterkunft von vielen in Erinnerung geblieben war.

Seka schloss die Datei und suchte weitere Gegenstände, irgendwelche Dinge, Ereignisse, die sie in Zusammenhang mit den Fotografien in den Alben ihrer Mutter bringen konnte. Doch da war nicht viel.

Sie war sich unsicher, was sie zusammentrug, welche Schlüsse sie ziehen können würde, ob überhaupt.

Da war Nasser, war Gandhi, das Ablegen seines Anwaltsanzuges, den Gandhi trug, als er die indischen Vertragsarbeiter (*coolies*) in Südafrika vertrat, Jahrzehnte später trug er sein neues nationalistisches Gebaren im weißen Gewand vor, um die Bauern aus dem Hinterland für den Freiheitskampf zu gewinnen, da war Frantz Fanon, war Marguerite Duras im französischen Indochina, waren all die Prüfungen, die Seka während ihrer Anstellung an der Universität korrigierte, in denen einer der Studierenden schrieb, die sogenannten Schwarzen trügen weiße Masken, um die Weißen zu täuschen.

Mehrfach las sie in den Antworten auf den Prüfungsbögen, Frantz Fanon habe sich an den Weißen gerächt, indem er eine weiße Frau geheiratet habe.

Fanon, ein Psychiater von der Insel Martinique, studierte in Frankreich, arbeitete später für die Nationale Befreiungsfront in Algerien und würde einen psychotischen Selbsthass eines jeden kolonialen Subjekts bei der Übernahme derjenigen Werte diagnostizieren, die von einer politischen (hier weiß gemeinten) Dominanz bestimmt würden, welche laut Fanon nur in einem pathologischen Selbsthass resultieren könne.

Die in seinen Schriften geäußerte Annahme einer abnormalen Selbstwahrnehmung durch die internalisierte »weiße« Linse, aufgrund derer man sich als defizitär wahrnehmen müsse.

Wie man da auf eine Rache durch eine Frau schließen konnte, wurde ihr nicht klar, erschien ihr zugleich aber auch vielsagend.

In der Sprechstunde, in der sie ihren Entwurf für eine Seminararbeit besprechen wollte, sagte man ihr, sie imitiere in ihren Texten den Stil ihrer Dozenten, sie habe keine eigene Sprache, der vorgelegte Entwurf sei offen gesprochen eine Enttäuschung, habe keine Würze, keinen Geschmack, man habe sich angesichts ihrer Redebeiträge im Seminar mehr erhofft.

Sie hörte, es gehe schließlich darum, die eigene Sprache zu finden, etwas zu machen, was einen persönlich weiterbringe, und das sei in ihrem Fall vielleicht einfach, sich die Dinge nicht schwer zu machen.

Mit dem Tod ihres Ehemannes legte sich Majka endlich neue Stühle zu. Sie wünschte sich graue Vorhänge und willigte ein, die Schotterstraße zum Haus mit Teer zu erneuern, und genoss es, einmal über das eigene Geld zu verfügen. Sie vergaß dabei, eine Abwasserrinne anlegen zu lassen, sodass es ihr den Schmutz der Straße in den Vorgarten spülte.

Am Tag der Todesmesse klemmte sich Majka ihr Tuch lose unter das Kinn. Ihr Hals bildete eine leichte Falte über dem Stoff.

Die Enkelkinder trugen wasserlösliche Tattoos auf ihren Händen, Kleeblatt- und Blumenmotive.

Die Zwillinge hatten identische Hemden an, eine Aktion im Doppelpack.

Die Jüngste war in schwarzes Tuch gewickelt. Ihr klebte eine blonde Strähne auf der Stirn.

Cheese.

Statt wie Fanon den bürgerlichen Kanon abzulehnen, dem er in seiner universitären Laufbahn begegnet war, hatte sie ihn vollends in sich aufgenommen. Es zeigte sich in ihrem Geschmack, ihren Vorlieben, ihrem Bezug zu den Dingen und der Welt. Es zeigte sich darin, wie sie sich und andere zu sehen gelernt hatte, wie sie sich verständigte, welche Worte sie wählte und wann sie sich entschied, zu schweigen.

Es würden keine neuen Werkzeuge auf sie warten.

Die Familie hatte sich für die Fotografie vor das Haus gestellt, das in den Nachkriegsjahren wiederaufgebaut wurde.

Mit dem Brand der Häuser gingen damals der weiße Ofen verloren, die Schränke und die Kleidung. Mit ihnen verschwanden auch die Kiste mit den Knöpfen, das Garn und die jahrelange Arbeit am Stoff. Lichterloh wurde den Menschen damals mit dem Feuer die Heimkehr unmöglich gemacht.

Was blieb, war die Sehnsucht nach dem Meer.

Im Schlafzimmer faltete Sekas Mutter ein großes blaues Tuch.

Sie sagte, sie nähme den blauen Kittel mit nach Kozarac, sie habe ihn noch von einer Operation übrig. Für die Malerarbeiten. Sie wollte streichen. Nach dem Tod ihres Vaters, sagte sie, müsse man das obere Stockwerk neu malern. Für das Gefühl, die Frischluft, »damit man sich wohler fühlt«. Sie gehe auch zum Zahnarzt, wenn sie schon unten sei, und nähme vielleicht gleich die Großmutter mit, da ihr die untere Schublade etwas locker säße. Sie lachte.

Tagsüber liefen die Hühner frei über den Hof, abends wurden sie von der Großmutter mit dem Stock in den Stall getrieben. Jeden Morgen würde ein Ei auf ihrer Fußmatte warten. Die Nachbarinnen waren beeindruckt von ihr, wie sie die Trauer meisterte, und sagten, sie sei zäh wie ein Stein. Sie sagten, ihr Leben lang habe sie sich nach ihm gerichtet. Man hörte von den Gästen, die die Großmutter besuchten und ihr in der Trauer beistanden, ihr Geist sei noch ganz wach. Man sagte, sie sei für ihr Alter sehr tatkräftig. Die Schuhe für den Garten streifte sie nach seinem Tod jeden Morgen auf der Fußmatte ab. Einzig die Gebete wurden länger.

Geblieben waren auch die Erinnerungen. Sie wurden in den Stoff der Kleidung gebunden, in den Satz, den man sprach, und von den Dingen getragen, die man noch besaß. Die Zeit, die verstreichen sollte, die es einfacher oder leichter machen sollte, hatte sich stattdessen zu einer Bucht gekehrt, die dafür sorgte, dass der Schmerz in gleicher Weise aufstieg wie wenige Augenblicke zuvor. Er war frischer geworden, wurde das genaue Gegenteil einer Narbe: Er schnitt ins Land, das man verlassen, und in den Körper, den man geboren hatte.

Als man sie fragte, ob sie bald wieder zum Frisör gehe, sagte sie schnippisch, sie habe sich für niemanden mehr schön zu machen, es sei egal, man solle sie gefälligst in Ruhe lassen. Als sie sich an den Tisch setzte und die Brille vom Gesicht nahm, das sich für die Dauer von ein paar Minuten entspannte, holte ihre Tochter die gekaufte Farbe aus dem Badezimmer und begann in Handschuhen die Haare und Augenbrauen zu färben.

Das Wattestäbchen in eine Creme gehalten, bestrich man damit all das, was keine Farbe abkriegen durfte. Eine, insbesondere bei den Augenbrauen, delikate und wichtige Sache.

Die Gäste sagten, sie glaubten, die Großmutter dürfe nicht weiter fasten, müsse wieder etwas zu sich nehmen. Zumindest doch etwas trinken. Doch die Großmutter fastete weiter und aß nur früh am Morgen und am Abend nach Sonnenuntergang.

Die Jüngeren gratulierten zu Bajram stets den Älteren. Das war der Brauch und der Anstand. Seka entfiel es jedes Mal, wie sie sich zu verhalten und wie sie zu antworten hatte. Sie hatte die muslimischen Gepflogenheiten, die Antworten und Riten verlernt.

Seine Todesanzeige wurde auf Facebook geschaltet. Seka gab die Kommentare ihrer Mutter zu lesen. Ihre Mutter war sichtlich gerührt, es waren mehr als dreihundert. Das Bild ihres Großvaters überraschte Seka, als sie sein Passbild neben der muslimischen Mondsichel abgebildet sah. Die Anzeige war in grüner Farbe gefasst.

Bei der Einfahrt nach Prijedor die serbische Fahne und der auf der Tafel mit dem Kürzel »USAid« versehene Hinweis auf eine Wiederherstellung nach amerikanischer Art, »From the American People«.

Aus dem Lager in Omarska waren keine Zeugenberichte, gar Bücher hervorgegangen, und ohne die gab es keine Vergangenheit und auch keine Vergehen, nur Verkehrsschilder, die in kyrillischer Schrift die Einfahrt ins Dorf ankündeten: Омарска.

Der Prozess in Den Haag war einer von vielen. Insgesamt wurden 161 Personen angeklagt, 91 davon schuldig gesprochen.

Sekas Mutter war dreizehn gewesen, als sie sich hinter der geöffneten Fahrertür versteckt hatte, während die anderen ihre Beine ausstreckten und über den Parkplatz liefen. Sie bekam zum ersten Mal ihre Tage auf der Fahrt nach Bosnien und hatte Angst, auf den Sitz zu bluten. Sie fuhren vom Berner Oberland nach Kozarac, hielten in Italien, Slowenien und lachten über die Namen der Ortschaften wie Škofljica.

Als wäre verloren gegangen, was man sich über die Jahre an Hilfsmitteln zugelegt hatte, zog sich der Schmerz jedes Mal aufs Neue wie an scharfen Linien durch den Körper. Er schlug einen nieder in die eigene gekrümmte Haltung. Als wäre vergessen, was man durchlitten und durchgestanden hatte, lag man mit angezogenen Knien Monat für Monat in der Verlautbarung der Schmerzen, stöhnend im Angesicht der bevorstehenden Blutung, blass und bleich unter der Decke. Man war mit drei bis vier Schmerztabletten auf ihr Ablassen wie an Nähten gespannt. Mit geschlossenen Augen rief man sich in Erinnerung, was geholfen hatte, und ahnte, wie oft man sich nur mit möglichst ruhigem, regelmäßigem Atem Abhilfe verschafft hatte. Mal stöhnend, mal eher stumm legte man sich in die Badewanne und wäre, damals im Zug, einmal beinahe umgefallen, mit dem Kopf gegen die Scheibe, wäre da nicht ein Arm gewesen, der einen auffing. Lächerlich wurde man im Schmerz deswegen, weil man sich im Grunde in seiner Übung gewohnt war.

Man hatte gelebt, ein ganzes Leben, wie es anderen glich, und sich zu trösten gesucht in der Annahme, dass die anderen dem eigenen ähnlich waren. Den Vater und die Furcht vor ihm hatte man nicht vergessen, stattdessen dem Ritual beigewohnt, welches entstanden war durch die Lücke, die er hinterließ.

Dieses monatliche Ritual verspannte die Schultern und entfachte einen Streit über den eigenen Körper an der Frage, wie sehr man ihm glich, als löse er sich von seiner Gestalt, fiele wie eine Folie von einem ab.

Majka: Sie habe sowohl am ersten als auch letzten Tag der Blutung die Fenster abgedunkelt.

Las Seka in den Zeitungen das Wort »Srebrenica«, fühlte sie eine Anspannung, doch von einer Betroffenheit, wie sie in den Artikeln eingegeben wurde, war sie weit entfernt. Die Fragen, was das Kriegsverbrechertribunal in Den Haag an den Tag brachte, welche Verurteilten beim Verlesen des Urteils Gift schluckten und starben, welche Verpflichtung den Genoziden, den Vergewaltigungen an Frauen und dem Tod vieler Männer entgegengebracht werden müsste, unter denen sich um ein Haar auch ihr Vater befunden hätte, wäre er nicht rechtzeitig mit seinem Bruder gegangen, ermüdeten sie. Ihr wäre es lieber gewesen, er wäre gestorben. Vielleicht hätte man ihn sterben lassen sollen, ihm alles entziehen sollen, das Gefühl für ihn selbst, später Nahrung, dann Licht.

Der plötzlich mögliche Todesfall der Mutter, des Bruders, der Welt, durch die bloße Androhung des Vaters, die Angst vor seiner Ankündigung an der Tür, das Klingeln, dieses Surren, ließ zehn lange Jahre jeden anderen Gedanken im Stich.

Sie wünschte sich, die richtigen Worte zu finden, sich aus der Beobachtung zu lösen und dem Gefühl endlich entbunden zu werden, das sie hatte bitter werden lassen.

Und es geschah, für kurze Zeit.

Inmitten der Bildnisse hoher Berge, kristallinen Wassers und der vielen Tunnel, dieser auf Holztafeln gespachtelten Mythen der Nation.

Seka hatte ihren Freund in einer Bahnhofshalle getroffen.

Beide wohnten sie in Leipzig. Sie gefielen sich, verbrachten die Tage miteinander. Nachts lagen sie zusammen im Bett, verreisten hin und wieder für ein paar Tage, kamen zurück, besuchten die Universität, gingen zur Arbeit, lachten, schauten Serien, taten Dinge wie andere auch. Ihre Liebe war nicht außergewöhnlich, und es war, als sie weg war, die Ahnung auf ein anderes, besseres Leben mitnichten verloren gegangen.

Sie hatte ihn nie wiedergesehen, ihm nie gesagt, es wäre besser gewesen, hätte sie ihn nie kennengelernt, seine Fürsorge nie gekannt etc. Stattdessen schrieb sie in einer letzten Nachricht, sie sei krank geworden und bereue den Tag, an dem sie ihn kennenlernte.

Sie schloss die Nachricht mit den Worten »Verreck, du Hurensohn« und warf sie ohne Rücksendeadresse in einen Briefkasten ein und ohne an diese Worte wirklich zu glauben.

Was stand sonst noch im Brief?

Dass er noch ihren Computer habe.

Die Fotografien von früher, die Erinnerungen an ihren Vater.

Sie war betrunken gewesen, als sie ihm, von dem sie sich nur wünschte, er würde höflich sein und gut küssen können, geschrieben hatte, er solle den nächsten Zug von Leipzig nach Basel nehmen. Noch in derselben Nacht hatte er sich ein Ticket gekauft. Sie wartete in der Eingangshalle bei der Abfahrtstafel und sah ihn kurze Zeit später auf der Rolltreppe stehen. Er kam mit einem großen Rucksack, als hätte er für zwei Wochen gepackt und nicht für zwei Tage. Er hatte nicht geschlafen, kam mittags an, nachdem er sechs Stunden im

Zug gesessen hatte und die Nacht zuvor mit seinen Freunden unterwegs gewesen war, ein Video von sich auf dem Fahrrad aufgenommen hatte, wie er in Leipzig durch den Park fuhr. In seinen Augen krümelte sich, das sah sie, als er näher kam, der Restschlaf.

Er umarmte sie höflich, mit weiten Armen, sodass eine Lücke zwischen ihnen entstand. Die Lücke störte sie. Später sagte er, er hätte es aus Anstand gemacht.

Sie liefen durch Basel. Bei der Kaserne tranken sie einen Kaffee. Sie trug ein fast durchsichtiges schwarzes Nachthemd und einen roten Büstenhalter aus Spitze, den man durch den Stoff sah. Er fragte, wie es so war, hier und in Leipzig, wo sie ja eigentlich wohnte, wie das Studium sei etc. Er sah jung aus, obwohl er ein paar Jahre älter als sie war.

Ein weißes Fußballtrikot.

Wohl ein Kuss am Ufer eines Flusses auf einer Wiese, gleich bei einer Brücke, über die die Züge nach Deutschland fuhren.

In Leipzig schaute er sich vorsichtig in ihrer Wohnung um, in der sie, seit sie das Studium begonnen hatte, wohnte und sich von Zeit zu Zeit fürchtete. Er sah die Bücher auf dem Tisch, die kleine Küche, die kahlen Wände und fragte, ob er für das Abendessen einkaufen gehen solle. In Leipzig standen sie an der Schwelle des Balkons und blickten in den Innenhof. Sie gab ihm ein Glas Wasser. An alles Weitere an diesem Abend erinnerte sie sich nicht mehr.

Es war vorbei, das ganze alte Leben, weswegen es ihr jetzt so leichtfiel, über ihn zu schreiben, so ausführlich, so gelassen. Er war zur Schreibschrift geworden. Durch ihn gelang es ihr jetzt, den Verstoß der Frauen zu verstehen, der an ihr exemplarisch vonstattengegangen war.

In Freiheit würde sie sich in ein Café setzen und eine Zigarette rauchen.

Das sagte Jadranka Cigelj, die in *Appartement 102*, einem der wenigen Zeugenberichte aus Omarska schrieb: »Mein Folterer, der dünner geworden ist, leicht gebeugt, mit fast völlig weißem Haar, schlendert in den Gerichtssaal. Er unterdrückt ein Gähnen.«

Es seien siebzehn Frauen gewesen, die im Raum 102 über Wochen gefoltert worden waren.

Die einen gingen nach Italien. Die anderen blieben im Land. Wieder andere gingen irgendwohin, nicht weiter dokumentiert. Sie folgten ihren Söhnen bis an die Grenze. Nachts, in der Stille, während der Fernverkehr seine Lichter in den schwarzen Himmel warf. Sie begannen zu zittern und wünschten sich, sie hätten an den warmen Mantel gedacht, der in Tuzla lag, das in Brand gesetzt wurde. Sie wurden von hinten geschoben und hörten ein Wort in einer Sprache, die sie nicht kannten und auch nicht zu kennen brauchten, um zu verstehen, was man von ihnen wollte.

Sie standen im Winter an einer Landesgrenze, an der Schneise zweier Länder, die sie nur vom Hörensagen kannten, und wünschten sich, einzuschlafen. Ohne zu wissen, was genau gemeint war, verstanden sie und gingen einen Schritt nach vorn:

»Vorwärts!«

Sie folgten.

Und als das Leben vorbei war, wurden sie aus der Schweiz oder Frankreich zurückgefahren und in den Dörfern beigesetzt. Die Einzelheiten ihrer Gesichter und ihre Stimmen begannen mit den Wohnungen, die sie verlassen hatten, samt Dorf, in das sie eingeheiratet wurden, zu verschwinden.

Aus den Gerichtsprotokollen:

»My dear Minka, Amira, and my son: You know how much I love you. You know how much I love you all.«

Man lagerte das Leben in Kisten ein und verstaute es in Schränken. Erst als es kälter wurde, sah man, welche Erinnerungen die Kleidung noch trug. Man entdeckte Fotografien, die man längst vergessen hatte, und hielt an den Worten fest, die einen noch nicht betrogen hatten.

Mit einer Wasserflasche, einem neuen Paar Schuhe und einem nicht umgenähten Hosenbein nahm der Betrug weitere Bilder an, die sie an einer Hand abzählen konnte.

Er kam, nachdem sie den ganzen Tag versuchte hatte, ihn zu erreichen, zögernd, als ob ihm unangenehm wäre, was geschehen war, und sie begann zu lachen, als sie bei seinem Anblick zugleich wusste und trotzdem nicht verstehen wollte, was nun folgen würde. Seka wandte sich von ihm ab, als er vor ihrer Haustür stand, frisch geduscht, mit einer Flasche Wasser in der Hand. Sie wartete darauf, dass er sein Fahrrad anschloss, wartete, als wolle sie so das Gespräch hinauszögern, als wolle sie das, was geschehen war, ungeschehen machen. Sie beobachtete seinen Rücken, während er über sein Fahrradschloss gebeugt war, studierte seine Hände, derart tatkräftig.

In Leipzig nahmen die Bilder des Betruges die Gestalt einer Sängerin an. Seka Aleksić sang, sie bereue die Kinder, die sie ihrem Mann gebar, er wäre bei einer anderen besser aufgehoben und würde recht behalten. Seka hörte Musik von Dara Bubamara, Seka Aleksić und Tanja Savić und deckte ihren eigenen Kummer in deren Worten ein.

Sie standen an der Riebeckstraße, als er mit den Schultern zuckte und sagte, er sei betrunken gewesen. Es sei nicht dieselbe wie letztes Mal, sondern eine andere.

»Wer denn?«

Eine Freundin.

Zusammen mit einem Regal, Büchern, einem Tisch und einem Stuhl blieben ihr zwei Kisten und der Wunsch, man würde ihre Brüste abschneiden. Sie gab ihre alte Wohnung auf. Er hingegen trug neue Schuhe, hatte eine neue Freundin, lebte auf. Ihre eigene Erscheinung war desolat und besserte sich erst, als sie einen neuen Job in der Innenstadt annahm. Sie begann, Kosmetik zu verkaufen.

Nachdem Seka die Bar verlassen hatte, sich in seinem Bett schlafen legte, ging er mit einer anderen nachhause und würde ihr einen Tag später seine Nummer im Briefkasten hinterlassen.

Er wäre auf sein Fahrrad gestiegen, wäre in Gedanken der vorigen Nacht nachgegangen, hätte den kalten Wind gespürt und zuvor auf einen Zettel seine Nummer geschrieben.

Schließlich bat er sie, es noch mal zu versuchen. Auf der Arbeit, in ihrer Pause, bot sie ihm Kaffee an. Sie tranken ihn auf der Bank, mit Blick auf den Eingang des Geschäftes, in dem sie Tiegel säuberte, die Oberflächen wischte und ihren Kundinnen die Hände wusch, ihnen ein Glas Wasser mit Zitrone anbot. Das Eingeständnis fiel ihm schwer. Er liebe sie noch. In einem Brief, der später auf ihrem Schreibtisch lag, stand, dass er mit der Trennung nicht glücklich sei und dem »Ganzen« noch eine Chance geben wolle.

Sein Hang zu Gesten.

Teil des Ganzen war auch die andere, war ihr Körper, der so anders war als ihr eigener, war ihr blondes Haar, ihr Lachen. Sie fand sie auf Facebook und dachte, sie sei ihm ähnlich. An guten Tagen. An anderen dachte sie darüber nach, wie sie miteinander schliefen und wie es wohl war, wenn sie nebeneinander lagen, schwiegen und ernst waren.

Man hätte doch abbiegen, nach Hause fahren können.

Wenn auch dieses »doch« heute ein Zugeständnis zu viel war.

Der zweite Betrug stand dem ersten in nichts nach. Was sich änderte und hinzukam, war die Ahnung einer Komik, die den vorangehenden Augenblick erträglich machte. Es bestürmten sie banalste Dinge; das Werbeplakat der Bäckerei gegenüber, die Schulkinder an der Kreuzung und der Luftzug eines abfahrenden Busses, die sie genauer wahrnahm, um ihm nicht ins Gesicht zu sehen. Sie erlaubte ihm nicht, in ihre Wohnung hochzukommen, er solle ihr in den Innenhof folgen. Als sie die Schwelle zum Hof überschritt, lag ein starker Blütengeruch in der Luft. Sie war umgezogen. Es war Juni, und er saß in der Hocke, als sie ihn irgendwann anschrie. Er sah auf seine graue Anzughose hinab, die er am Saum abgeschnitten und nicht umgenäht hatte, und trank, als er aufgehört hatte zu weinen, in großen Schlucken das Wasser aus seiner Flasche. Er war nur in der Lage, die Beziehung zu beenden, wenn er zuvor mit einer anderen geschlafen hatte.

Rückblickend kam ein weiteres Bild hinzu, das jeden Hohn vervielfachte, ein Tattoo.

Als ihm der Tätowierer das Motiv probeweise mit dem Stift aufmalte, riet sie, die Länge der Buchstaben zu kürzen. Er schaute sich den Entwurf über der Schulter im Spiegel an und nickte. Es war ein rückengroßes »Ok« mit den Strichen eines lachenden Smileys inmitten des »O«.

Es hätte kürzer werden müssen, um besser zu verheilen. Doch das Urteil war final. Das Kabelende der Tätowiermaschine wurde kurzerhand in die Steckdose gesteckt, und sie war froh, dass sie wenigstens daran gedacht hatten, den Rücken zu desinfizieren. Sie lagen zusammen in Berlin auf einem Bett, als die ersten Linien in seine Haut gestochen wurden. Als sie sich hingelegt hatte, hatte sich die Matratze gewölbt, es war ein Wasserbett. Die Buchstaben wurden schief, doch das störte ihn nicht. Der Bund seiner Unterhose scheuerte sie in Folge wund. Die untere Hälfte der Buchstaben verheilte schlecht, die Platzierung hätte etwas höher sein müssen.

In den folgenden Wochen half sie ihm jeden Morgen nach dem Duschen, die Wunden einzucremen, und achtete darauf, ihn nicht zu umarmen und nicht an seinen Rücken zu fassen, wenn sie neben ihm lag. Sie reichte ihm das Handtuch und drückte die Salbe aus der Tube auf ihren Finger, verteilte sie auf jede Linie und massierte sie vorsichtig ein. Strich für Strich. Sie spürte, wie es ihn schmerzte, wenn sie mit ihren Fingern über die Linien fuhr. Aus den Wunden traten Tinte, Blut und Eiter.

Simple Dinge:

Als es sie beinahe eingeschneit hätte.

Als er in einem Raum mit zehn von seiner Familie belegten Betten versuchte, mit ihr zu schlafen.

Ihr ein Weisheitszahn über Neujahr die Wange beulte.

Der Tiefschnee am Neujahrsmorgen.

So etwas wie der Wald, der vor dem Fenster auf sie warten würde, irgendeine Weite, ob grün oder blau, wohl ein Schließen der Augen.

Weiter aus den Protokollen:

»Minka, if you talk to him, please, try to comfort him. Time is passing with dismal slowness, and I can hardly wait for the day when I will be with you again.«

Seka telefonierte mit ihrer Mutter und ihrer Tante über Face-Time und sah, wie sichtlich angeschlagen sie waren von den Tagen bei ihrer Mutter, nach dem Tod ihres Vaters, die sich anfühlten, so sagten sie, wie Wochen.

Sie sagten, ihre Mutter verblüffe sie jedes Mal aufs Neue. Sie seien traurig darüber, was man alles den Kindern nicht mitgeben könne, und seien im selben Augenblick auch froh, dass so vieles verschwinden werde. Unschlüssig darüber, was bleiben und was gehen sollte, nahmen sie an den Mahlzeiten teil.

Sie sahen auf die zum Gebet hochgehaltenen Hände, die Häkelarbeiten an den Wänden, die durch die Jahre des Kriegs anhaltende Fürsorge ums Haus, die Teppiche auf dem Boden, die abonnierten Zeitschriften ihres verstorbenen Vaters, die neben dem Bett lagen. Sie hießen *Tierwelt* und *Bau und Hobby*. Sie sahen auf die Pferdekalender im Treppenhaus. Riefen sich seine Vorliebe für Hunde in Erinnerung, überhaupt seine Tierliebe. Sie holten das Teeservice, das im Wandschrank hinter verglaster Tür auf solche Anlässe gewartet hatte. Sie saßen bei einem türkischen Kaffee zusammen und trafen auf Verwandte, die sie zuletzt bei Amirs Beisetzung gesehen hatten.

»Was da alles ans Licht kommt«, sagten sie und wurden unterbrochen von einer schlechten Verbindung, die ihre Gesichter einfror. Die Schwestern unterschieden sieben Jahre, die Haarfarbe und die Beziehung zum Vater. Die jüngere hatte mehr unter ihm gelitten. Als Kind hatte sie ihn eines Tages auf dem Boden liegen und aus dem Mund schäumen sehen und sich gefragt, ob sie einen Krankenwagen rufen oder es sein lassen sollte, während er einen Herzinfarkt hatte. Die Entscheidung wurde ihr abgenommen, als ihre Mutter ins Zimmer trat.

Da der Großmutter schwarze Socken fehlten, kamen Sekas Mutter und Tante zu spät zur Beerdigung. Majka trug buntgestreifte, vom Tragen bereits ausgeleierte Socken. Die einzigen schwarzen, die sich im Haus finden ließen, waren die an ihren eigenen Füßen, sagte Sekas Mutter am Telefon, die sie also auszog und der Großmutter gab. Die Wahl der Schuhe stellte sie vor ein neues Problem, das sie mit einem einfachen Schulterzucken lösten: Es sei egal. Turnschuhe reichten. Sie müssten jetzt los.

Für schöne Sachen war man sich dann doch immer zu schade. Was würde der Komšiluk denken.

»THE WITNESS: [Interpretation] The title says: ›Minka Ce-
hajic.‹ The street is Dzemal Bijedica 16, or the Prijedor hospital,
and the telephone is 21771, or 23722, which is my sister's tele-
phone, so he probably thought one or the other. ›Banja Luka,
the 9th of June, 1992.‹ This is a copy which is not easily legible,
but I'll try and do my best. ›My dear Minka: I am writing
you this letter, though I'm not all certain that you will get it,
but I still feel the irresistible need to talk with you in this way.‹

JUDGE SCHOMBURG: Sorry. May I interrupt you. We are
really interested to hear it word by word, and for the inter-
preters, if you could slow down a little bit. Thank you.

THE WITNESS: [Interpretation] Okay.«

Vor dem »Weißen Haus« wurden die Körper auf die Bahre
des Lastwagens gehievt, wo zuvor Pakete mit Lebensmitteln
für die Soldaten gelegen hatten. Die Wände waren blutig
und der Geruch von Urin, Schweiß und Tod allgegenwärtig.

Die meisten starben an den Schlägen oder fielen irgendwann
danach um, fielen, stehend, zwischen all den anderen. An
manchen Tagen fuhr der Konvoi mehrfach raus und entlud
die Toten in eine Grube, die von solchen wie Muhamed mit
einer Schaufel ausgehoben worden war.

Senad und Mirza, Sekas Vater und Onkel, gingen, bevor
die Stadt von den Soldaten eingenommen wurde. Über die
Berge gelangten sie nach Tuzla. Dort wurden sie in die Ar-
mee eingezogen. Als sie verstanden, dass sie ohne Einfüh-
rung oder Schulung an die Front geschickt würden, fassten
sie den Beschluss, zu gehen. Zuerst nach Zagreb, danach über

Slowenien nach Italien. Aus Angst, aufgehalten und zurück-
geschickt zu werden, mieden sie die Polizei. Sie schliefen
auf Parkbänken und schlugen sich in Mailand ein Jahr durch.
Sie überlebten mithilfe von Gelegenheitsjobs und der Unterstützung der Kirche. Ihren Bruder ließen sie zusammen mit
ihrer Mutter zurück. Diese gelangten mit einem Hilfskonvoi
in ein anderes Dorf, in dessen Nähe sie sich im Wald versteck-
ten, bevor sie in einer leer stehenden Halle Zuflucht fanden.

Andere würden in die Wälder fliehen.

Die Brüder gingen, hielten Ausschau nach Schlafplätzen, wurden müder, als es hieß, weiterzugehen, hatten einen Rucksack mit ihren Sachen und eine Winterjacke für die kälteren
Monate, während ihr Freund, der geblieben war, in der Mine
in Omarska im Norden von Bosnien interniert wurde.

In Italien erfuhren Senad und Mirza über Bekannte von der
Schweiz. Als sie merkten, dass in Italien keine Aussicht auf
ein geregeltes Leben bestand, wollten sie die Reise wagen.
Ein Freund brachte sie mit dem Auto von Mailand bis über
die Grenze nach Chiasso und weiter nach Airolo. Die Grenz-
kontrolle hielt sie nicht an. Auf Anraten des Freundes meldeten sie sich bei der Polizei und wurden in eine Auffangstelle
gebracht, stellten Antrag auf Asyl und baten um Anerken-
nung als Kriegsflüchtlinge, wurden nach Lausanne gebracht,
in ein Durchgangszentrum, bevor sie einem Kanton zugeteilt
wurden. Das Leben erschien ihnen lang und wurde angesichts der Katastrophen, die sich ereignet hatten, nicht lang
genug. Sie lernten, stets ein wenig zu frieren, und teilten sich
das Badezimmer mit fünfzehn anderen Männern.

Seka würde lernen, dass sie, egal, wo sie war, ohne weiteres einen bosnischen Mann erkennen würde: an seinen Schuhen, den Dreiviertelhosen, dem Nivea Aftershave.

Die Freundschaften, die Senad und Mirza schlossen, hielten nicht lange, da die meisten wieder ausreisen mussten. So auch Mirza. Sein Antrag wurde abgewiesen. Er ging nach Schweden, verliebte sich in eine Frau und erhielt auch dort einen negativen Entscheid. Er war dreißig geworden, als er weiter nach Frankreich zog und einen neuen Antrag stellte.

Kurze Zeit später wurde auch das Gesuch von Senad mit der Forderung, die Schweiz innerhalb der nächsten Wochen zu verlassen, abgewiesen. Dieser Entscheid hieß »Wegweisung«. Weigerte sich die Person auszureisen, wurde sie von der Polizei zum Flugzeug gebracht und die Ausreise auf einem Linienflug überwacht, weigerte sich die Person, das Flugzeug zu besteigen, erfolgte die Ausreise auf einem Linienflug mit Polizeibegleitung bis zum Heimatland.

Jenes hatte seinen alten Namen verloren und eine neue Flagge erhalten.

Man lachte über die neuen Farben dieser Heimat, über das Aussehen der Flagge, fragte sich, wer das entschieden hatte, das gelbe Dreieck auf blauem Grund. Man lachte über den neuen Pass und ärgerte sich über die Schlange im neuen bosnischen Konsulat.

Die alten jugoslawischen Dinare lagerten in kleinen Kisten mit aufgedrucktem Blumenmotiv neben den Milchzähnen.

Die also mit ihr in Verbindung stehenden Orte: Potosí, eine Mine in Lateinamerika, Omarska, ein Tagebau in Bosnien, die Broken Hill Mine in Sambia und später hinzugekommen eine Saline in Weißenfels an der Saale in Deutschland.

Die für das nähere Verständnis zurechtgelegten Texte trugen die Titel *States of Knowledge: The Co-production of Science and the Social Order* (Sheila Jasanoff) oder *Infrastructure and Modernity: Force, Time, and Social Organization in the History of Sociotechnical Systems* (Paul N. Edwards).

Co-production und *frictions*, diese dem wissenschafts- und umwelthistorischen Jargon entnommenen Begriffe, wären Zugänge, mithilfe derer sie heute Klarheit schaffen würde, wüsste sie nur, wie.

Ein Freund von ihr, ein Geologe, sagte Jahre später einmal im Gespräch, zu graben heiße im Grunde, etwas zu begehren. Er sagte es beiläufig, wie in einem Nebensatz, und wies sie darauf hin, dass auch Landschaften vernarben. Man gehe buchstäblich in den Dreck, um Reichtum zu finden.

Den Knochen eines Sohnes, Silber, in den Worten von Anne Carson eine Ehe.

Der fossile Schädel Kabwe 1 wurde 1921 in einem Bergwerk in Broken Hill gefunden, heute Kabwe in Sambia. Sein sogenannter Entdecker war Tom Zwiglaar, ein Schweizer, wobei auch ein afrikanischer Bergarbeiter bei der Ausgrabung zugegen war, dessen Name jedoch nicht dokumentiert wurde. Der Fund wurde von frühen Vertretern der Anthropologie zunächst als Typusexemplar des *Homo rhodesiensis* klassifiziert, später dem *Homo heidelbergensis* zugeordnet.

An die Out-of-Africa-Theorie, wonach die menschliche Frühgeschichte in Afrika ihren Anfang fand, sei ohne die Kolonialgeschichte nicht zu denken. Forschung, die Extraktion mineralischer Güter und die Expansion ins Landesinnere gingen Hand in Hand. Der Feldforschung, die für Disziplinen wie die Anthropologie wesentlich war, wurde durch verschiedene Akteure wie Eigentümer von Minen, Bauunternehmer und die lokale Kolonialverwaltung der Weg bereitet.

Nach und nach wurde die Idee, dass der frühzeitliche Mensch in Asien zu finden sei, verworfen.

Um die aus den Archiven aggregierten Funde und Fotografien aus den Jahren 1908, 1921 und 1938 mit den entsprechenden Bildunterschriften zu versehen, würde sie zwei Tage aufwenden.

Letztlich lauteten sie:

Bild 1 – Fotografie des »Broken Hill Skull«, auch »Kabwe 1« genannt, aus dem Jahr 1922. Geschätztes Alter ca. 274 000 bis 324 000 Jahre. Der Schädel befindet sich im Natural History Museum in London.

Bild 3 – Der »Entdecker« Tom Zwiglaar, ein Schweizer Bergmann, porträtiert vor der Fundstelle in Kabwe, ehem. Broken Hill, Sambia, im Jahr 1921.

Bild 6 – Der Bau der Rhodesia Railways in Broken Hill.

Ferner in der Recherche:

Auch die ersten Knochen des Neandertalers wurden in einem Steinbruch, im Abbaugebiet für Kalkstein im deutschen Neandertal freigelegt, wohlbemerkt von italienischen Steinbrucharbeitern.

Kabwe, las sie, galt als einer der am stärksten verschmutzten Orte der Welt, die Geschichte des fossilen Fundes (Kabwe 1) habe auch eine ökologische Gegenwart. Nach Erschöpfung der Ressourcen im Jahr 1994 seien im Blut der Anwohner klinische Symptome einer Blei- und Cadmiumvergiftung nachgewiesen worden.

In den Jahren 1890 bis 1924 wurden die Territorien North-Western und North-Eastern Rhodesia von der British South Africa Company verwaltet und 1911 unter dem Namen »Northern Rhodesia« zu Nordrhodesien vereint, das 1964 als Sambia seine Unabhängigkeit erlangte. Noch heute zeugte das Eisenbahnnetz davon, wie die sambische Landschaft in Gebiete des Begehrens zerschnitten wurde.

Als wäre die Geschichte der Extraktion, die Entnahme eines Stoffes durch das Einwirken in bestehendes Material, also eine Geschichte seines späteren Transfers und seiner späteren Verbindungen. Als gliche sie Sekas eigener Vorgehensweise, die eine Herstellung von Verbindungen war; die Frage war nur, auf wessen Kosten sie das tat. Es war nahezu so, als streiften die Stätten des Abbaus, ob in Lateinamerika oder Bosnien, Fragen der sozialen Ordnung oder der Arbeit, als würden sie um ihren Vater kreisen. Auch wenn es ihr dumm erschien, es war, als wären diese Stätten unmittelbar mit ihr verbunden, es war fast so, als gingen sie die ersten Stunden der Kommodifizierung von Gütern und der Schiffshandel persönlich etwas an.

Beim romantischen Dichter Novalis waren es die Salinen seines Vaters. Vor diesem Hintergrund wurde selbst er ein anderer, war er in erster Linie Geologe und Salinentechniker.

Hinweise dieser Art:

1784 Ernennung des Vaters zum Direktor der kursächsischen Salinen Dürrenberg, Kösen und Artern (Salzbergbau).

1797 – Am 19. 3. stirbt Sophie, am 14. 4. der Bruder Erasmus. 18. 4. Beginn des »Journals«. Wunsch, der Geliebten nachzusterben [...], und Beginn des Studiums an der Bergakademie in Freiberg.

Novalis habe in der Salinendirektion seines Vaters gearbeitet und ab 1799 »zur Erschließung der Braunkohlelagerstätten in der Gegend um den heutigen Tagebau Profen [beigetragen], da Braunkohle als Heizmaterial für die Salzpfannen der Salzwerke in Artern, Dürrenberg und Kösen benötigt wurde« (Wikipedia).

Fast so, als würde sie plötzlich beim Sichten des Materials in Räumen stehen, in denen neue Ziehkräfte wirkten, dieser plötzliche Fund des Schädels unter Schweizer Beteiligung.

Erst viel später die Frage, was die Geschichte einzelner Schweizer mit ihr zu tun haben konnte, wo sie diese im Spielfeld der Geschichte überhaupt streifte.

Es ist Winter auf dem Weissenstein, der Schnee ist tief.

Ein weiteres Bild. Seka schlug eine neue Seite des Albums auf.

In der Sonne ist der Schnee weiß, im Schatten hellblau gefärbt. Das Bild ist in einen Himmel und einen Boden zweigeteilt. Beides nimmt gleich viel Platz ein. Der Himmel ist von dünnen weißen Wolkenstreifen durchsetzt. In der unteren Hälfte sieht man die Hügel des Weissensteins, ein weites Feld Schnee und dahinter einen Wald, der, weiß bestäubt, von der Sonne gewärmt wird, ganz dicht im Bild die Nordseite der Hänge. Die Sonne sitzt zum Zeitpunkt der Aufnahme noch in der Talsenke. Im Schnee sind Schlittenspuren zu erkennen. In der linken Bildhälfte steht ein Mann in schwarzem Mantel und grauer weiter Hose. Die Füße knöcheltief im Schnee. Er hat beide Arme seitlich von sich in die Höhe gestreckt. In seiner linken Hand hält er eine Mütze, die er wahrscheinlich abgenommen hat, weil es in der Sonne zu warm dafür geworden ist. Sein Haar ist dunkel und kurz. Es ist Sekas Vater Senad.

Als der Winter ging, kam der Sommer, und mit ihm lernte Senad eine junge Frau in einem Freibad kennen. Er hatte sie nach Feuer für eine Zigarette gefragt und mit Erstaunen festgestellt, dass sie auch Bosnisch sprach.

Ohne weiteres hatten sie begonnen, Fotos zu schießen, von sich, der Stadt, dem Fluss, der ersten Liebe, den Bergen, den ersten Küssen. Später wurden sie entwickelt und die leeren Seiten eines Fotoalbums mit den Bildern beklebt. Während die junge Frau, die er kennenlernte, noch zur Schule ging, vertrieb er sich die Tage auf Sportplätzen und wartete, bis sie ihn nach dem Unterricht traf. Mit ihr hatte er jemanden gefunden, mit dem er sprechen, sich verständigen konnte.

Bald baten sie im Standesamt um einen Termin, heirateten kurzerhand und stellten den Antrag auf Familiennachzug, sodass er bleiben konnte. Sie wurde schwanger und übergab sich auf der Maturreise, teilte mit ihren Klassenkameradinnen, denen vom Alkohol schlecht wurde, in der Unterkunft in Prag die Toilette, über die sie sich lehnten, abwechselnd, und gebar später ein stures Mädchen an einem regnerischen Tag im April.

Mirza wurde nach seinem Aufenthalt in Schweden in Frankreich zugelassen.

Er holte Nena, Sekas Großmutter, zu sich, als er eine Wohnung in Besançon fand. Die Wohnung hatte grüne Wände, war hellhörig. Vor dem Hauseingang begegnete er ehemaligen Schulfreunden. An den Klingelschildern fanden sich Namen mit der Endung »-ić«, Nena, seine Mutter, die die Älteste war, erfreute sich an den täglichen Spaziergängen, der Badewanne und den warmen Decken, die sie sich allabendlich auf den Schoß legte.

Für jeden Frankreichbesuch hätten sie ein Visum gebraucht, weswegen sie nachts abgelegene und schlecht frequentierte Grenzstellen passierten.

Muhamed lachte über etwas, was sein schwerhöriger Vater Bečir sagte, und übersetzte den Gästen. Während sich die Erwachsenen unterhielten, lehnte Seka mit ihrem Kopf an einem blau bepinselten Heizungsrohr. Sie hörte vage Schreie der Nachbarn, vernahm gegurgelte Stimmen aus weiter Ferne, während sie darüber nachdachte, dass »Muha« im Bosnischen »Fliege« hieß.

Die Befreiung von Omarska wäre ohne die mediale Verbreitung der Bilder von Konzentrationslagern wie Auschwitz nie möglich gewesen. Sie wäre ohne die Bilder von den »Muselmännern«, wie Primo Levi die Gerippe, die bis auf den Tod abgehungerten Körper bezeichnete, nie erfolgt.

In Omarska fand die Bezeichnung »Muselmann« ihre tatsächliche muslimische Übereinkunft in ethnischer Zugehörigkeit. In Bosnien, in den Lagern Trnopolje und Omarska, waren auf den Aufnahmen der Journalisten tatsächlich solche zu sehen, deren Augen groß und Bäuche gebläht, die Köpfe geschoren waren.

Für die westliche Öffentlichkeit brauchte es eine Fotografie von Gerippen, die denjenigen glichen, die man bereits kannte.

Erst nach den Bildern des britischen Journalistenteams, das nach dem Vorbild der Bilder aus Konzentrationslagern Männer durch einen Zaun filmte, hinter dem sie jedoch nicht eingesperrt waren, wurde die internationale Gemeinschaft auf den Plan gerufen. Das Lager wurde aufgrund internationalen Drucks infolge der Publikation aufgelöst.

Heute diente diese »Fälschung« vielen Leugnern wie dem langjährigen Präsidenten der Republika Srpska, Milorad Dodik, als Vorwand, die Verbrechen als eine von den westlichen Medien gestrickte Lüge auszulegen.

Es brauchte Bilder, deren Bedeutung man bereits verstanden hatte.

In Europa herrschte Krieg.

Das Geschehen wurde durch die Publikation der Bilder aus dem rauschenden Hintergrund gehoben.

In den Zeitungen hatte man die Ereignisse in Bosnien mit Ruanda verglichen und geschrieben, das seien Verbrechen gegen die Menschlichkeit. Was hingegen genau geschah, verstand man nicht. In deutschen Seminaren verhandelten junge Studierende das Fehlverhalten der Blauhelme in Srebrenica, um später in den Pausen Kaffee zu trinken, die Glut der Zigaretten wegzuschnippen und die Kippen mit den Schuhspitzen auszutreten.

Drei Jahre nach der Befreiung der Lager wurde ein Friedensabkommen unterschrieben. Jede Person würde in Folge durch ihre ethnische Zugehörigkeit markiert und ein Sprechen über konfessionelle Grenzen kaum mehr möglich werden. Das Land fand im Dayton-Vertrag seine Konstitution und Zweiteilung, seine amerikanische Wiederherstellung, welche auch zwanzig Jahre später jede wirtschaftliche Entwicklung verhindern sollte.

Ein kleiner Junge hält sich mit der Hand die Nase.

Eine weitere Fotografie.

Er trägt eine gelbe Sonnenbrille aus Plastik. Die Brillengläser sind zu zwei Sternen geformt. Vor einem Haus stehen drei Frauen, neben ihnen der Junge und ein Mädchen. Dem Alter nach sind es ihre Enkelkinder. Die Frauen tragen lange Röcke, einmal gestreift, einmal kariert, einmal aus Jeansstoff. Alle drei haben Mäntel umgeworfen. Eine der drei Frauen hat sich ein Tuch um den Kopf gebunden, es ist schwarz, gold und weiß. Es ist Sekas Großmutter Nena. Auch auf diesem Bild sieht man ihr Gesicht nicht, sie schaut zu dem Jungen, dessen braunes Haar zu einer Topffrisur geschnitten wurde. Unter dem Mantel trägt sie eine Weste aus Wolle. Sie ist auf der Höhe der Brüste zugeknöpft, allem Anschein nach selbstgestrickt. Die Bäume hinter ihnen sind kahl, in der Ferne erkennt man einen zugeschneiten Hügel. Das Haus, vor dem sie stehen, hat zwei Stockwerke und einen Balkon. Wie es für Bosnien üblich ist, hat der Balkon kein Geländer, das Haus keinen Verputz. Die Wände sind aus rotem Backstein. Die Fassade weist Einschusslöcher auf, von denen nur wenige durchgegangen sind.

Der weiße Stein.

Als die Nachricht von Amirs Tod kam, Sekas Cousin, stand Seka mit ihrem Vater, ihrer Mutter und ihrem kleinen Bruder, der fünf Jahre nach ihr geboren worden war, auf dem Parkplatz des Weissensteins. Es war Winter, auf dem Balmberg lag Schnee, es war kalt. Ihre Mutter hielt das Telefon in der Hand und sprach für einen langen Moment nicht mehr.

Seka kriegte im selben Jahr ihre Tage. Sie tat, wie ihr gesagt wurde, und fand die Einlagen im Badezimmerschrank. Sie fragte, wie oft sie die Binde wechseln müsse. »Jedes Mal, wenn du pinkeln musst«, gab die Mutter zur Antwort. Seka nahm die Binde und klappte sie auf, entfernte die Folie und legte sie in ihre Unterhose. Als sie diese anzog, fühlte es sich an, als würde in Zukunft jeder wissen, was mit ihr geschehen war. Mit jedem Schritt raschelte es zwischen ihren Beinen. Ihre Mutter redete ihr am Telefon gut zu und sagte, die Beerdigung von Amir werde am nächsten Tag stattfinden. Es würde nicht mehr lange dauern, bis sie wieder zuhause sei.

Als ihre Mutter von der Beerdigung aus Bosnien zurückgekehrt war, holte sie nach dem Frühstück frische Kleidung hervor und legte ein rotes Tuch dazu. Sie zeigte Seka, wie sie es sich um den Kopf binden sollte, bevor Seka den Koran in ihren Rucksack packte und ihrem Vater in die Moschee folgte.

Von nun an saß Seka jeden Freitag in einem Bunker auf einer Bank und fühlte sich, als würde sie eine Strafe absitzen. Neben ihr saßen Ermin und Belma. In der Koranschule sprachen sie die Worte des Imams nach, wiederholten die Suren auf Arabisch, aber lasen die Worte in bosnischer Sprache. Einige konnten nicht lesen. Sie waren jung und gingen noch nicht zur Schule, schaukelten mit den Beinen, murmelten leise vor sich hin und lenkten sich mit Pokémonkarten unter den Tischen ab. Den Jüngeren verrutschten die Tücher auf dem Kopf, während ihre Münder nachahmten, was der Mann vor ihnen sagte. Dieser hatte einen dicken Bauch, sein Gewand spannte, und schlechten Atem.

Geburtstage wurden bei McDonald's gefeiert. Jedes Kind kriegte ein Happy Meal, und zum Abschied gab man Ronald

McDonald die Hand. Man staunte über seine großen Schuhe.

Als habe er in diesem Jahr aufgehört, ihr Vater zu sein.

Er schlug ihre Mutter im Badezimmer, im selben Badezimmer, in dem Seka ihre erste Blutung gehabt hatte, die ohne große Zwischenfälle vonstattengegangen war. Ihrem Bruder, der die Schläge auch gehört und im Bett neben ihr gelegen hatte, hielt sie die Ohren zu.

An dieser Stelle der Eintrag aus den Notizen, den sie immer ausgespart hatte, zu dem sie jedoch immer wieder zurückkehrte, als würde sich ihr dort etwas anvertrauen oder erklären.

Die Tablettenpackung knisterte auf der Bettdecke, die ihr Vater zurückgeworfen hatte, als er ihre Mutter wach rüttelte.

Die Sanitäter, das Spital.

Dieses spätere Versprechen, niemandem davon zu erzählen, im Grunde mehr Anweisung als Versprechen.

Besuchte Seka ihre Großmutter in Besançon, machte sie Ferien. Ihre Eltern arbeiteten an den Wochenenden in geräumten Wohnungen, sodass sie manchmal für drei, vier Nächte in Frankreich blieb. Manchmal reiste sie vom Wohnzimmer mit dem Koffer auf den Balkon. Dort lag sie auf Handtüchern und tat so, als wäre sie am Meer. Aus dem Wohnzimmer drang Musik nach draußen. Ohne zu verstehen, worüber gesungen wurde, sang sie mit.

Sie sonnte sich und beobachtete durch die verglaste Tür ihre Großmutter, wie sie auf dem Sofa saß und mit den Füßen zur Musik wippte, während sie Kartoffeln schälte und zu Würfeln schnitt. Ihre Daumen waren bereits ganz rau, ihr Blick galt nicht der Zeitung auf ihren Knien, auch nicht den Kartoffeln, auch nicht Seka, sondern einer Sache, die nur sie sehen konnte. Er war irgendwo in die Ferne gerichtet, ging durch die Fenster des Balkons, auf dem sie zuvor Wäsche aufgehängt hatte, und richtete sich zum Himmel, der im Ausschnitt, den die Fenster ließen, von zwei Plattenbauten angeschnitten wurde.

Die Wände der Wohnung waren mit Häkelarbeiten und die Uhren an der Wand und auf dem Beistelltisch mit dem Abdruck einer großen Moschee geschmückt. Selbst der Fernseher war mit einer Häkelarbeit überworfen. Wenn es regnete, zog Seka sich aus den Ferien auf dem Balkon zurück, setzte sich aufs Sofa und schaltete den Fernseher ein, um die Stille in der Wohnung zu umgehen. Sie versuchte, ihre Füße auf dem Beistelltisch abzulegen, was ihr jedoch nicht gelang, nahm die Fernbedienung in die Hand und wechselte den Sender, wartete auf den Moment, in dem ihre Großmutter den Kartoffeln Pfeffer und Salz beimengen würde. Die Kartoffelmasse würde im Anschluss auf einem ausgerollten Teig verteilt werden. Hierfür würde ihre Großmutter die Oklagija nehmen und zunächst den Teig auf dem Küchentisch auswalzen.

Seka nahm, wenn ihre Großmutter nicht in ihre Richtung schaute, Stück für Stück vom Teig und rannte zurück ins Wohnzimmer. Hinter dem Sofa steckte sie sich den Teig in den Mund.

Die Fernsehsender zeigten Frauen, die sangen und tanzten, im Anschluss folgten Nachrichten, die in kyrillischem Alphabet ausgeschrieben waren. Das »Д« von Дневник, dem serbischen Wort für Tagesschau, glich Seka dem Eiffelturm.

Die Antwort auf den Krieg hieß Turbofolk.

Wer noch keinen Sekt trank und an den Gesprächen der Erwachsenen nicht teilhaben konnte, bald etwas müde wurde, während die Zeiger der Uhr noch weit von Mitternacht entfernt waren, machte sich einen Spaß daraus, die Botschaften im Banner des Musikprogramms mitzulesen. In ihnen wurden Grüße ausgerichtet und Schwiegertöchter gesucht.

Anstatt »Pozdrav« zu schreiben, was auf Deutsch »Gruß« hieß, schrieben die Leute »POZZZZ«. So schrieben sie in den folgenden Jahren auch am Computer im Messenger, wenn sie aus Bihać liebe Grüße nach Frankreich verschickten, oder sie schalteten die Kamera an, blickten in die Linse, winkten der Verwandtschaft zu und versprachen durch eine schlechte Internetverbindung hindurch, einander bald zu besuchen.

Im Banner wurden Fahnen der Länder eingeblendet, man richtete Grüße an die Verwandtschaft in der ganzen Welt aus, die sich im Zuge des Krieges verloren hatte und sich über Musik wieder vereinen ließ. Turbofolk wurde die Referenz, der Seka ihre späteren Gebärden entnahm.

Zwei ausgetrunkene Gläser auf dem Tisch.

Das Parfüm einer anderen.

Die unter dem Bettlaken hervorgezogene Unterwäsche einer anderen Frau.

Die Rache, mit seinem besten Freund zu schlafen, etc.

Es wurde Sommer.

Knietief stehen Mirza in roter Schwimmweste und Seka mit einem Schwimmring und Hut auf dem Kopf im Wasser. Auf dem Bild von links nach rechts außerdem: ihre Cousine Selma, daneben Amna, Alina und ihr Vater.

Neben Seka weitete sich eine Pfütze aus.

In Dajla, einem kleinen Ort am Meer in Kroatien, lag vollgesogen mit Blut, wie hingeworfen neben einer Treppe, ein Tuch. Auf einer der Stufen bildete die Pfütze aus Blut einen fingerbreiten Strom, berührte das Meer. Stufe für Stufe zog es in seichtem Wellengang weitere Kreise. Am Grund vermengte es sich mit dem Sand, der von den Füßen der Badenden aufgewirbelt wurde.

Das Blut drang aus einer kleinen Wunde im Kopf eines alten Mannes. Luftmatratzen, aufgeblasene Flamingos und Palmen trieben auf dem Wasser. Abwechselnd sahen die Köpfe in Richtung Sonne, dann zum Ufer. Der alte Mann war auf der Treppe ausgerutscht.

Sekas Vater war ihm zu Hilfe geeilt und hatten den Kopf mit einem Handtuch verbunden. Als der Krankenwagen bereits weggefahren war, sich die Traube an Menschen wieder aufgelöst hatte, war das Tuch zurückgeblieben, voller Blut. Ihr

Vater hob es auf und verabschiedete sich mit den Worten, er gehe in die Pension, um es auszuwaschen, er sei gleich zurück. Seka setzte sich auf die obere Stufe der Treppe und fasste mit den Fingern ins Blut. Sie streifte es an ihrem Oberschenkel ab. Die Brandung schlug gegen die Steine, die Wellen brachen zu ihren Füßen. Die Wunde des Mannes würde verkrusten. Sie wartete auf ihren Vater. Sie wollte ein Eis.

Das Meer wurde von einer Ungeduld schöner gemacht. Sie nannte es *More*. Wenn sie alleine am Strand lag, hielt sie Ausschau, Ausschau nach der Liebe. Als diese nicht zu sehen war, trug sie mit ihrem Vater Steine zusammen und baute ein Becken im Meer. Das Wasser trieb salzigen Schaum hinein, der durch die Lücken rann und mit jeder neuen Welle wiederkam.

All diese Stunden.

Sie vertrieb sich die Zeit damit, darüber nachzudenken, wie es wäre, jemanden kennenzulernen, mit dem sie dort im Becken liegen würde. Sie würden Krebse an ihren Zangen fassen und sie hinaus ins Wasser werfen. Die Autos, die an der Küste parkten, hatten vorwiegend italienische und slowenische Kennzeichen, doch manchmal auch ein deutsches. Sie wartete mit ihren Kopfhörern im Ohr, bis sie einen Vorwand hatte, mit jemandem Deutsch zu sprechen. Doch es ergab sich keiner. Sie wandte sich den Büchern zu, die sie in einem kleinen rosa Koffer mitführte, allen voran denen der Reihe *Maya und Domenico*.

Wenn sie im Auto lag, wurde nach ihr gerufen. Auf der Fahrt nach Kroatien richtete sie sich ein neben den Taschen, die für die Reise gepackt waren. Sie solle sich hinsetzen und anschnallen, man erreiche gleich die Grenze. Sie fuhren meistens nachts, wenn die Grenzwächter die Autos durchwinkten und weniger Staus den Verkehr lähmten. Seka schaute den Lichtern der Ampeln nach und hörte dem Getöse der Lastwagen zu, an denen sie vorbeirasten, während sie in einem Gemisch aus Benzin und Musik am Boden lag. Wie aus weiter Ferne hörte sie ihre Eltern darüber sprechen, ob sie den plötzlichen Stau, der durch zwei blinkende Autos auf einem Schild angekündigt wurde, umfahren sollten.

Seka dachte an die Liebe. An diejenigen, die sie am Strand kennenlernen würde. An das, was ihr alles noch bevorstand. An das, was sie sich in aller Ausführlichkeit ausmalte, an den ersten Kuss. Kurze Zeit später stand sie in einer Raststätte vor einer Theke mit Orangen im Eisfach. Seka nahm ein Glas Orangensaft und sog an einem roten Strohhalm, in dem sich Fruchtfleisch festsetzte. Es machte laute Geräusche, sie verschluckte sich und hustete. Später stand sie vor einem riesigen Spiegel in einer großen Toilette, eine mit mindestens vierzehn Kabinen, und tat es ihrer Mutter gleich, die in eine der vielen Kabinen verschwand, pinkelte und sich danach ihre Hände wusch. Wie ihre Mutter richtete auch Seka ihre Haare. Im Flur saß eine Putzfrau auf einem Stuhl neben einem kleinen Tisch und wartete darauf, Münzen fallen zu hören. Man warf sie in eine Untertasse vor ihr.

Auf dem Parkplatz öffneten sie alle Türen, um das Auto zu lüften. Ihr Vater sagte, sie solle sich wieder hinlegen, der Stau habe sich mittlerweile aufgelöst. Er bat sie, ihm den Rucksack mit dem großen Marlboro-Aufdruck zu reichen.

Diesem Rucksack fuhr sie nach, wann immer sie zuhause zusammen mit dem Fahrrad zum Freibad wollten. Er vorne, sie hinten. Sie fragte sich dabei jedes Mal, warum er seine Knie beim Fahrradfahren so weit nach außen drehte.

Er fasste sanft an ihren Kopf und strich über ihre Haare. Sie solle wieder schlafen. Er würde sie rechtzeitig wecken, das Meer sei nicht mehr weit. Er zog den Reißverschluss des Rucksacks wieder zu und ließ die Tür zufallen. Ihre Mutter hatte sich auf den Beifahrersitz gesetzt, die Karte zusammengefaltet und sie zurück ins Handschuhfach gelegt.

Lag Seka im Auto, wurde sie oft vom hellen Licht der Grenzstellen geweckt, das in das Auto schien und allen Grenzwächtern offenbarte, dass sie unangeschnallt auf der Decke lag. Oft vergaß sie dabei, zu atmen. Sie traute ihrem Vater nicht. Er weckte sie nie früh genug. Manchmal war es auch das Licht einer Mautstation, die mit einem ausgespuckten Zettel zur Weiterfahrt befähigte und das Auto unter der hochgeklappten Schranke hindurchfahren ließ. Manchmal hatte Seka dann Sorge, dass sie nicht schnell genug waren und die Schranke auf das Dach des Autos knallen würde.

Die Zedernnadeln liegen am Boden zu ihren Füßen.

Ein weiteres Bild.

Sie sitzt auf einer Schaukel neben ihrem Vater, der seinen Arm auf ihre Schultern gelegt hat. Sie tragen Sandalen und kurze Hosen und stoßen sich mit den Füßen vom Boden ab. Die Schaukel hat eine rote Verkleidung und ein kleines Dach aus Stoff, das ihnen Schatten spendet. Ihr Vater sieht aus, als hätte er sich nur für das Foto eben kurz hingesetzt. Durch die Baumkrone ist die Sonne zu erkennen. Sie sind am Meer. Im Hintergrund sieht man einen Zaun und karge Wälder und Büsche.

Aus dieser Zeit vielleicht folgende Erinnerung:

Wie ihr Vater aus einer Laune heraus, die sie überraschte, Witze riss, als ob ihm die Welt in Anwesenheit seines Bruders aus Bihać und dessen Kindern auf einmal zutraulich schien, sodass er plötzlich an einem Wettbewerb teilnahm und sich mit Kuchen bewerfen ließ.

Was er gewonnen hatte?

Sie wusste es nicht mehr.

Eine Fahrt auf einem dieser Boote, auf denen man draußen auf dem Meer scharfe Kurven schnitt?

Derweil im Autoradio: *Vreteno* von Željko Joksimović.

In der Stadtbibliothek brachte ihre Mutter Bücher zurück, die sie für ihr Studium ausgeliehen hatte. Während ihre Mutter vor den Regalen stand, irrte Seka in dem großen Gebäude herum, ging in die Musikabteilung und legte CDs in die Anlage und stülpte sich die viel zu großen Kopfhörer über. Sie entdeckte Ray Charles und bei den Neuerscheinungen ein blaues Album von James Blake. Sie liebte die laminierten Einbände der Stadtbibliothek, die Bücher lagen so schwer in der Hand.

Heute die Überzeugung, sie hätten niemals ein Bewusstsein ohne irgendein Verständnis von Begehren gekannt.

Damals: der knappe Übertritt ins Gymnasium, die mittelmäßigen Noten, das Fußballfeld vor dem Haus, die Runden, die sie rennen musste, die Rute, mit der er sie bestrafte, der Volleyballverein, der Klavierunterricht etc.

Es war, als habe ihr Vater die karierten Dreiviertelhosen und Hauswartswesten in einem Auftrag getragen. Er würde sich sein Leben lang nicht einig werden, ob er glücklich war in der Schweiz oder nicht, hatte der Oberschicht und ihren Vorlieben eine Absage erteilt, schwer zu sagen, wann.

Sie holte mit dem Wischmopp vom einen zum anderen Ende der Treppenstufe aus, schlug ihn von der Wand zum Gitter, ein, zwei Wische, zur nächsten Stufe runter, und verstand, warum der Boden nicht einfarbig war, sondern gefleckt. Kleine Steine waren ihm beigemischt. Wäre er einfarbig, würde man den Schmutz sehen. Die Haare, die Flusen, den Staub. Mit dem gesprenkelten Muster aber fiel es nicht auf. Sie legte die Lappen in die Wanne und hielt den Duschkopf mal nah, mal weiter weg und sah zu, wie der Schmutz im Abfluss verschwand, wobei einzelne Haare hartnäckig am Stoff hingen. Sie spülte sie mit dem Duschkopf mal in diese, mal in die andere Richtung, bis sie sich schließlich überwand und die Haare mit den Fingern löste.

In der Garage standen Kanister voller Putzmittel, auch ein Hochdruckreiniger. Er verlud ihn mit den Kanistern ins Auto und fuhr damit manchmal bis nach Luzern. Mit Freunden und Teilen der Familie, die für manche Aufträge sogar aus

Österreich anreisten, putzten sie Wohnungen. Seka war auch dabei, wusste, wie man die Fensterscharniere bewegen musste, wollte man sie gründlich säubern. Sie faltete blaue, grüne und rosa Lappen, hörte dem Knirschen der Jeans zu, wenn sie in die Hocke ging, um die unteren Lamellen der Rollläden zu putzen, und kannte den Geruch des Backofens, wenn man ihn mit dem weißen Schaum einsprühte, das drohende Geräusch der Schritte ihres Vaters in den langen Gängen, deren Böden er an Wochentagen nässte.

Man kriegte den Schweizer Pass und wählte rechts, sagte, man habe Angst vor den Afrikanern.

Auf Nachfrage, wie es einem gehe, nachdem die Tochter an Bulimie erkrankt in die Psychiatrie eingeliefert worden war, sagte man, es werde sich schon richten, man sagte, sie werde bald wieder rauskommen. Nur etwas essen müsse sie halt. Man müsse sie mästen, ihr ein gutes Stück bosnisches Fleisch vorsetzen, sagte man und lachte.

Dieser Suizid eines Sohnes.

Man ging einkaufen in die Stadt.

Diese Fahnen der faschistischen Ustascha.

Man fällte als Förster die morschen Stämme im Wald bei Bihać, sorgte sich um die Gesundheit des Waldes, entminte diesen in den Nachkriegsjahren und trug später Steinpilze im Korb nachhause.

Diese Suren des Islams.

Der Familienvater sagte, das gehöre sich nicht, als der Sohn anfing, sich zu schminken.

Man schlug aus Furcht vor dem Gerede.

Man glaubte an die bosnischen Pyramiden, die von der ägyptischen Lobby vertuscht würden. Diese seien höher als diejenigen in Ägypten und würden bei einer Ausgrabung den ägyptischen Tourismus in Gefahr bringen.

Als habe sich alles und jeder restlos gegen einen verschworen.

Tagaus, tagein stand man in der Garage und tüftelte an irgendeinem Teil, irgendwelcher Elektronik, füllte seine Schränke in der Garage mit Basketballkörben, Boxhandschuhen, mit Waschmittel. An den Wandschränken hinter dem Perlenvorhang diese Plakate nackter Frauen.

Als würde es sich damit richten.

Der bei einem Autounfall 2001 verstorbene Autor W. G. Sebald schrieb auf sieben Seiten und lediglich von einer Kapiteltrennung unterbrochen in *Die Ringe des Saturn* nahezu beiläufig über die Tagebücher von Joseph Conrad, über dessen Reisen und Unternehmungen in Zentralafrika und über die während der Weltkriege begangenen Verbrechen auf dem Balkan. Scheinbar zusammenhangslose Ereignisse, zumal über Kontinente und Jahrzehnte getrennt, lediglich von der Idee des Autors geleitet, Dinge, die er gelesen zu haben sich erinnerte, auch zu beschreiben und unter einer Vielzahl anderer Hinweise in seiner Erzählung über einsame Wanderungen im englischen Suffolk festzuhalten.

Zwischen »Reading Rooms« und der »Teestunde allein in dem Barrestaurant des *Crown Hotels*« also vollzog sie W. G. Sebalds zu Papier gebrachte Korrespondenz mit sich selbst nach, deren Erzähler, angeleitet von einem Artikel der Wochenendausgabe des britischen *Independent*, vom Lager in Jasenovac erfuhr und über die Handlungen der kroatischen Ustascha im Konzentrationslager in Kenntnis gesetzt wurde, denen zum Opfer all jene in der Umgebung fielen, die den Kroaten »volksfremd« waren, an denen über siebenhunderttausend Menschen starben und die selbst, so schrieb W. G. Sebald, »den Fachleuten aus dem Großdeutschen Reich, wie sie gelegentlich im engeren Kreis geäußert haben sollen, die Haare zu Berg stehen« ließen.

Die Rede war von eigens in Solingen zum Halsabschneiden gefertigten Ledermanschetten und von bevorzugten Hinrichtungen jener Art, vor der man sich als Offizier gut ablichten lassen konnte.

Sie sah W. G. Sebald über einen Ort sprechen, den sie nur vom Vorbeifahren kannte, es handelte sich um einen Ort kurz vor der bosnischen Grenze. Ein Mahnmal, eine betonierte meterhohe Blume, ringsum von weitem Feld umgeben, die ihr aufgrund der Tatsache, dass es sich um ein Mahnmal auf dem Balkan handelte, von Grund auf verdächtig schien, zumal die Frage, wer wen weshalb umbrachte, wer wem wann ein Denkmal baute, einen weiteren undurchsichtigen Layer auf die bereits bis zum Unverständnis entstellte Landschaft legte.

Blieb staunend zurück, als sie eine Seite später über einen Vorfall las, bei einem Wort innehielt, das merkwürdig hell und klar von den anderen abstand, obschon es ihr nichts weiter sagte. Es handelte sich um das Wort »Kozara-Kampagne«, welches sie an diesem Dienstagmorgen derart in Staunen versetzte, dass sie selbst die Fotografien des Lagers Jasenovac überblätterte.

Sebalds Schilderungen zufolge, bei all den fiktiven Verdrehungen ein auch zu bestätigender Sachverhalt, handelte es sich um eine Schlacht in Kozara an genau jenem Ort in Bosnien, an dem sie sich in einem Sommer als Kind noch über die Hitze und die vielen Stufen der Treppe beschwert hatte. Es war ein Ort, an dem sich Jahrzehnte zuvor Partisanen gegen die in der Überzahl und von der deutschen Wehrmacht gestützten kroatischen Ustascha stellten, kämpften und verloren und Jahre später propagandistisch von Tito in Form eines Mahnmals in Erinnerung behalten wurden.

Die weibliche Bevölkerung von Kozara sei im Anschluss an diese Schlacht in nationalsozialistischen Arbeitslagern vernichtet worden (nachdem sie die für die Kriegsführung benötigten Stoffe hergestellt hatte, womöglich in Norwegen oder Deutschland), und ihre Kinder, dreiundzwanzigtausend an der Zahl, seien entweder ermordet oder in Viehwaggons in die kroatische Hauptstadt Zagreb deportiert worden.

W. G. Sebald zu den Kindern und ihren späteren »Erinnerungsschatten« auf Seite 122:

»Von denen, die sich noch am Leben befanden, hatten viele das Pappdeckeltäfelchen mit den Personalangaben, das sie am Hals trugen, vor Hunger zerkaut und somit in der äußersten Verzweiflung den eigenen Namen ausgelöscht. Später wurden sie dann in kroatischen Familien katholisch erzogen, zur Beichte geschickt und zur ersten heiligen Kommunion. Wie alle anderen auch haben sie in der Schule das sozialistische Einmaleins gelernt, haben einen Beruf ergriffen, sind Eisenbahnarbeiter, Verkäuferinnen, Werkzeugschlosser oder Buchhalter geworden. Was für Erinnerungsschatten aber in ihnen herumgeistern bis auf den heutigen Tag, das weiß niemand.«

Spätere Schilderung W. G. Sebalds, wie sein Erzähler in Waterloo in Belgien am Mahnmal der letzten Schlacht Napoleons stand und sich beim Anblick der weitläufigen braunen Erde die Frage stellte, ob man von solchem Platz aus diesen vielberufenen historischen Überblick habe.

Die von ihm eingangs gestellte Frage, was er in Waterloo in einem von ihm genannten »Hotel Kongo« eigentlich suche, wurde später vom Autor mit der Idee beantwortet, Geschehenes aus dem Vergessen zu heben, womöglich in eine Gegenwart zu überführen.

Auf der Überfahrt von der historischen in die sprachliche Wirklichkeit ließ man wohl einiges fallen, wurde frei zu lügen, und doch fand sie, wenn auch nur für die Dauer von ein paar Seiten, in W. G. Sebald einen hilfreichen Freund.

Als sie ihrer Mutter von diesen Zwangsumsiedlungen in Kozara erzählte, sagte die, sie habe nichts davon gewusst.

Lediglich von der Handschar, einer Division der Waffen-SS, die in Bosnien rekrutiert wurde, die sei ihr bekannt.

Als sie ihrer Mutter Fotografien schickte, meinte diese, ja, das seien die »Janjičari«, der Name des Elitekorps des Sultans im Osmanischen Reich, sie solle doch ihren Onkel dazu befragen, der wisse mehr. Ihr Urgroßvater sei wohl dabei gewesen. »Bei der muslimischen Waffen-SS?« Angeblich ja.

Lange Zeit Verwirrung bei den Bezeichnungen Handschar, Haničari oder Janitschar.

Sie las, die Mitglieder der 13. Waffen-Gebirgs-Division hätten sich, um ihre Dörfer zu schützen, freiwillig gemeldet, seien jedoch entgegen ihrer Annahme bald schon von zuhause abgezogen und zur Ausbildung nach Deutschland und Frankreich geschickt und später nach Schlesien versetzt worden.

Las: »Wer in der ›Handschar‹ Dienst tat oder einen Sohn bzw. mehrere Söhne als Rekruten stellte, erhielt Familienunterhalt und konnte so sein Überleben und dasjenige der Familie sichern.«

Ansicht diverser Hüte, Dienstausweise, auf Abzeichen gestickter arabischer Säbel.

Bei der weiteren Lektüre von W. G. Sebald, ein paar Seiten später, war die Rede von diesem »hässlichen« Schweizerfräulein Durand, das sich einen ganzen Sommer lang um den allzu traurigen fünfjährigen Józef Teodor Nałęcz Konrad Korzeniowski kümmerte, bevor dieser mit seinen Eltern, angeblich unter dem Zuruf ihrer Worte zur Verabschiedung »N'oublie pas ton français, mon chéri!«, in russische Verbannung geschickt wurde. Als bald schon elternloses Kind wurde der noch zwölfjährige und spätere Schriftsteller Joseph Conrad zur Obhut in die Schweiz entsandt, um von seinen Träumen der Seefahrerei abzulassen. Er ließ sich jedoch selbst beim Anblick der Baustelle des St.-Gotthard-Tunnels und der Alpen nicht von seiner Reise nach Marseille abbringen und überquerte 1875 schließlich das erste Mal den Atlantik. Viele Jahre später fuhr er verschiedene Hafenstädte an, Bordeaux, Dakar,

Conakry, Cotonou, Libreville, Banana, Boma, und würde so letztlich das fernste Traumziel seiner Kindheit erreichen: den Kongo.

Seine von einem Seefahrer in Zentralafrika handelnde Erzählung erschien 1899 unter dem Titel *Heart of Darkness*, darin ein Fluss, den Conrad zuvor als Kapitän des Flussdampfers *Roi de Belges* stromaufwärts wohl auf der Suche nach seinem Kindheitstraum befuhr.

»N'oublie pas ton français, mon chéri!« – Vergiss dein Französisch nicht, mein Schatz!

Um von Deck aus das zu sehen, wovon er später, »an Seele und Leib erkrankt«, in Europa wieder abzulassen suchte.

Anlässlich der Beendigung der Arbeiten an der Eisenbahnstrecke in Belgisch-Kongo soll König Leopold II. 1898 einem Dienstbeauftragten mit dem Namen Joseph Loewy die Goldmedaille des *Ordre du Lion Royal* höchstpersönlich übergeben haben. Loewy sei nach der Fertigstellung des Panamakanals über zehn Jahre in Belgisch-Kongo tätig gewesen und habe später in China den Eisenbahnbau ausgeweitet. Bei diesem Herrn Joseph Loewy soll es sich um den Onkel mütterlicherseits von Franz Kafka gehandelt haben, der wie Conrad selbst seinen Dienst für dieselbe Handelsgesellschaft im Kongo leistete.

Eine bei ihren Recherchen nicht weiter überprüfbare Sache.

Sicher waren nur die Dampfer, die Kautschuk und Elfenbein führten.

Ansicht dieser fehlenden Hände und aufgeschnittenen Hälse, sogenannte Kongogräuel.

Der Vermerk von W. G. Sebalds englischem Verleger, der Autor habe sich erst zufriedengegeben, als man seine englische Übersetzung nicht nur als Roman, sondern auch unter *History* und *Travel* verschlagwortet herausgegeben habe.

Allerlei Eitelkeiten.

Telefonierte ihre Mutter, malte sie mit dem Stift Kreuze auf das Blatt, eine Angewohnheit, die sie bis heute beibehalten hatte.

Als Seka ein Kind war, lernte ihre Mutter für Prüfungen, telefonierte mit ihrer Schwester und sprach von Zeit zu Zeit Französisch, legte Klarsichthülle auf Klarsichthülle und öffnete ab und an die Ordner. Sekas Mutter saß am Tisch, während ihre Finger über das kleine Nummernfeld des Taschenrechners huschten. Waren sie bei Freunden zu Besuch, nahm ihre Mutter diesen Taschenrechner mit, seine Tasten waren schon ganz abgegriffen und glänzten. Sie war die Einzige, die verstand, in welchem Verhältnis die Zahlen zur deutschen Sprache standen, die auf den vor ihr ausgebreiteten Bögen abgedruckt waren. Diese Kolonnen, in verschiedene Farben unterteilt, in Grün und Rosa, in Gelb und Blau, würden über die Dauer des Aufenthaltes in der Schweiz bestimmen. Es waren behördliche Briefe, die ihre Mutter übersetzte und die über den weiteren Verlauf der Leben, die um sie gereiht am Tisch saßen, entschieden. Steuererklärungen, Aufenthaltsbescheinigungen, Korrespondenzen mit dem Arbeitsamt: Ihre Mutter führte den Brieföffner in den kleinen Spalt der Umschläge ein, zog ihn wie ein Messer und öffnete die Briefe.

Wichtig waren nicht nur die Farben, sondern auch die Buchstaben, die über die Schicksale ganzer Familien entschieden: »N«, »G«, »B« oder »L«.

Mit »C« erhielt man eine unbefristete und bedingungslose Niederlassungsbewilligung.

Während ihre Mutter den Taschenrechner, wenn sie ihn nicht mehr brauchte, in die obere Schublade des großen Schreibtischs legte und ihr Vater, der Hauswart war, draußen die Büsche schnitt, versah unweit der Vater einer anderen Tochter, die in die Psychiatrie gekommen war, seinen Schmerz mit der Wendung »Was will man schon machen« und neigte dazu, sich abzufinden.

Ein weiteres Bild.

Eine junge Frau mit kurzem Haar und runder Brille, in der sich der Blitz des Fotoapparats in zwei weißen Punkten spiegelt, lächelt in die Kamera. Sie hat ihre Arme verschränkt und ihre Beine übereinandergeschlagen. Unter der Tischkante sieht man ihren linken Fuß, ihre gestreiften Socken. Neben ihr ist Senad, mit kurz geschnittenen Haaren, er trägt einen Rollkragenpullover. Auch er lächelt in die Kamera, hat sich zur Seite gelehnt und stützt seine linke Hand auf seinem Knie ab. Neben seinem Fuß sieht man ein Verlängerungskabel, dahinter eine Steckdose, hinter seinem Rücken eine braune Amphore, aus der Weizen- und Schilfhalme ragen. Auf dem Tisch steht eine Flasche Valser Wasser, daneben liegen zwei Marlboro-Schachteln in den Farben Gold und Rot. Zwei Mandarinen, zwei Twix-Schokoladenriegel, eine kleine Schüssel Chips, eine nicht geöffnete Packung Cracker. Zwei Gläser sind mit Rotwein gefüllt.

Man hatte zu Tisch gebeten.

Langsam lief sie wieder vor zu ihrem reservierten Platz im Bundesarchiv in Bern und ließ sich von der Archivarin per Knopfdruck die Tür öffnen. Sie zog die Stifte aus ihrer Tasche, legte sie mit großer Ruhe hin. Die von ihr aus den Schubwägen an die Tische getragenen Dossiers trugen den Namen *Jugoslawien 1956-1983* und protokollierten, wie der Schweizer Bauernverband jugoslawische Arbeiter für die Landwirtschaft rekrutierte und manche von ihnen auf eine »Schwarze Liste« der damaligen Fremdenpolizei setzte und für zukünftige Einreisen sperrte.

Ansicht eines Dokuments, eines Notizpapiers mit dem Vermerk »Diebin«.

Sie hatte Akten bestellt, um sich einen Reim zu machen auf Dinge, die nun vor ihr ausgebreitet lagen, Unterlagen, Material, Sachverhalte, die sie nicht auf Anhieb verstand. Sie hing Gedanken nach, stieß auf Widerstände, als ließe sich das System der *indentured labour* (später an bestimmte Orte gebunden auch *coolies* genannt) nicht mit demjenigen der *Gastarbeiterschaft* vergleichen. Hierfür schienen die historischen Umstände zu verschieden, die politische und epistemische Gewalt war eine andere, aber ihr war, als ließe sich da dennoch etwas fortführen. Was dieses »System« kommodifizierter Arbeit mit demjenigen der »Beschäftigung der jugoslawischen Erntehelfer«, obschon von Grund auf verschieden, gemein hatte, war das, wofür man eine lange Reise antrat: war die Notwendigkeit, zu gehen.

An zahlreichen Orten wie etwa Kuba oder Hawaii war es die Verschuldung, die diese Menschen nötigte, die Arbeitsverträge um weitere Jahre zu verlängern.

Chinese plantation workers, Hawaii's first foreign contract laborers.

Wenige Jahre zuvor noch überzeugt, ein Weilchen weg zu sein, später aber zurückzukehren.

Gründe zu bleiben: mitunter auch die Liebe.

Sie fotografierte das Material – »Diebin« –, schob die Notizbücher und den Laptop zur Seite, legte schwere Dossiers in die Mitte des Tisches und hörte einen Juristen drei Tische weiter husten. Manchmal schien ihr, als wäre sie bereit, zu verschwinden. Bereit, sich umbringen zu lassen von einem Mann, der sie diese Nacht kurz vor fünf Uhr heimgesucht und vor ihr gestanden hatte, sein kurz zuvor gezeigtes Gesicht im Traum aber wieder vor ihr verbarg und so das trügerische Gefühl in ihr weckte, ihn zu kennen, ohne genau sagen zu können, woher.

Ihr war nicht klar, ob er sie umbringen oder doch eher verführen würde.

Was sah sie alles? Zahlreiche Arbeitsverträge, zu Beginn der »Kollektivrekrutierungen« zunächst noch zweisprachig auf

Serbokroatisch und Deutsch verfasst, im späteren Verlauf der 70er Jahre dreisprachig, um Französisch ergänzt. Sie sah die Handschriften derjenigen, die arbeiten würden, ihre Unterschriften, letzte Nachweise körperlicher, Jahrzehnte andauernder Vernichtung.

Sollte heißen: Korrespondenz des Schweizer Bauernverbandes mit Vertretern der jugoslawischen Regierung, Briefe, Stempel, Notizen, »Der Pass wird beim Arbeitgeber abgegeben«, »Der Arbeiter weiß nicht zu schreiben«, Natalija Nikolić (»Sperrung wegen Diebin«), Erkundigungen nach Wohnorten von Vätern unehelicher Kinder, »Nicht mehr bedienen«, »Trinker und Bedroher« oder simpler und bis dahin die einzigen Spuren eines Ungehorsams: »davongelaufen« oder »Stelle grundlos verlassen«.

Wobei Jugoslawien lange Zeit die dritte Wahl war, Spanien und Portugal wurden bevorzugt, die kulturellen Differenzen, so las sie, seien weniger groß, diese Sache mit dem Schweinefleisch bereite Probleme, eine kostengünstige Verpflegung der Arbeiter sei nicht ohne weiteres möglich.

Ob ein Hund helfe – auf die Frage, was wohl ihren Bruder binden und ihn zu seinem Leben verpflichten würde. »Freizeit und Spaß im Einklang mit der Natur«, las sie, als sie mögliche Angebote für ihn sichtete und kurz von einem Gefühl heimgesucht wurde, bei dem ihr war, als fühle sich so ihr Leben an, als hätte sie Aufgaben übernommen, die sie altern ließen. Bald schon sah sie ihre Umgebung dieser Annahme zustimmen: diese Wanderungen, Frauen weit über ihrem eigenen Alter, Büroaufenthalte, diese und jene, sie dachte daran, dass sie ihre Gründe, das Haus zu verlassen, bis auf die Universität, für den Einkauf aufsparte und bald schon neue erfand: Sport. Sie lief sich mit einem Trinkrucksack ausgestattet auf mittelhohen Bergen die Knie knöchrig, gewann Vertrauen dort, wo sie an exponierten Stellen ihren Sicherheitsgurt über sechshundert Meter Tiefe befestigte, sich, weil sie keinen Halt fand, in die Seile fallen ließ, kurz zu atmen vergaß, und spürte später, wie sie sich in diesem Gebäude gefiel, im Archiv, bei einer Tätigkeit, dem Öffnen der Dossiers, deren Inhalt ihr noch nicht bekannt war, es gefiel ihr, wohl im Anschein, sie ginge einer Aufgabe nach.

Seine Sehnsüchte, sie erinnerte sich noch: mit einer Frau in Alaska Zeit zu verbringen, im Winter, in »unberührter Natur« versteht sich.

Outdoor.

Sie sah ihn schon einen Bären zerlegen.

Über Jahrzehnte und Kontinente getrennte Bezeichnungen: »unskilled work« oder auch »Erntehilfe« für ein und dieselbe Tätigkeit.

Sie schlug den Deckel des Dossiers vorsichtig zu, legte es wieder in seine graue Mappe, schob es zu den anderen Akten des Bauernverbandes, zwischen die mit Spanien, Portugal, Türkei etc. beschrifteten Dossiers zurück.

In Zürich wartete ein Zimmer auf sie.

Das letzte Mal, als ihre Mutter Amir sah, war an einem heißen Tag im Sommer in Bern nicht unweit des Freibades, keine hundert Meter Luftlinie vom Bundesarchiv entfernt. Sie hätten zusammen am Tisch gesessen, in einer kleinen Wohnung Mittag gegessen, und er hätte sich trotz der Hitze geweigert, seinen Kapuzenpullover auszuziehen, stattdessen die Ärmel immer weiter über seine Hände gezogen.

Amir habe damals, als sie am Tisch saßen, den Pullover nicht ausgezogen, weil er die Schnitt- oder Stichwunden an seinem Arm nicht zeigen wollte. Mit seinen fünfundzwanzig Jahren sei er zu einem anonymen jungen Mann in einem Gefängnis in Wünnewil, einem Regionalgefängnis des Kantons Bern, geworden: ohne Aufsehen, ohne Öffentlichkeit, drogentot.

Dieses in jedem Sinn mangelnde, wenngleich auch peinliche Vokabular: nicht zu wissen, an wen man sich wenden soll, welcher Arzt helfen kann etc.

Der Anblick der Verzweiflung ihrer Mutter in Sorge um ihren Sohn ließ Seka altern. Sie spürte es ganz deutlich. Als würde ihre eigene Welt immer kleiner und diejenige ihrer Mutter werden, beinahe bis zur vollständigen Übereinkunft. Anderntags dachte sie, sie würden sich alle einen Ruck geben müssen, was seien sie auch für eine traurige, geplagte Vereinigung an Menschen, spürte diese plötzlichen Anflüge von Zuversicht, es würde schon werden.

Ihre Mutter sagte, es »zerreiße« sie, wenn sie sehe, wie schlecht es ihm gehe. Sie sagte, Amirs Tod hätte in vielen etwas »losgetreten«. Wie sie das meine, fragte Seka sie. »Na – also individuell. In uns allen irgendwie.« »Und bei dir?«

Sie führten das Gespräch zwei Tage später, als Seka zurück in Zürich war, am Telefon. Ihre Mutter während der Arbeit in Bern, Seka in der Bibliothek.

Sein Tod habe ihr geholfen, »einen Punkt zu setzen«. Diesen einen wichtigen Entschluss zu fassen, der überlebenswichtig gewesen sei. Er habe ihr die »Augen geöffnet« und sie darin bestärkt, nach mehrfach missglückten Versuchen die Scheidung einzureichen, es »durchzuziehen«.

Woran er gestorben sei?

Die einen sagten, er habe sich das Leben mit einem Bettlaken genommen, die anderen, er sei an einer Überdosis gestorben. Sie vermute, er habe nicht mehr geglaubt, einen weiteren Entzug zu schaffen. Eine andere mögliche Erklärung sei die Trennung von seiner langjährigen Freundin gewesen. Ihre Mutter fragte, ob es Seka denn so im Detail wissen müsse. »Das wurde nie besprochen«, ergänzte sie, »geschweige denn in irgendeiner Art aufgearbeitet.«

Schnitte dieser Art:

»Q. Have you heard of a person called Fadil Avdagic?

A. No.

Q. Have you heard of a person called Mesinovic Sabahudin?

A. No.

Q. Have you heard of a person called Mesinovic Ibrahim?

A. Are you – do you mean Mesinovic or Mesanovic?

Q. Mesinovic, the same surname of Sabahudin.

A. No.

Q. Have you heard of a person called Senad Ferhatovic?

A. No, I haven't.

Q. Have you heard of a person called Abdulah Brkic?

A. Yes.

Q. Was he with you on that occasion in the ›white house‹?

A. I can't remember now.«

Seka sah ihren Vater das letzte Mal in Begleitung zweier Polizisten, nachdem ein Messer auf dem Plastik scharrte und er in der Küche ein Brot belegte, das er ihr im Anschluss in die Hand drückte. Er hatte unter der Bedingung eingewilligt, sich scheiden zu lassen, dass ihre Mutter ihm monatlich Zahlungen für den Unterhalt liefere, da er, während sie ihrem Studium nachgegangen sei, auf die Kinder aufgepasst habe. Während die Polizisten einen Blick in die Zimmer warfen, in denen ihr Bruder und sie schlafen würden, sprach er in bosnischer Sprache auf Seka ein, die ihm nicht weiter zuhörte.

Die silbergrünen Beschläge der Betten, die er für sie und ihren Bruder gekauft und zusammengeschraubt hatte.

Das Amulett an seinem Hals mit einer arabischen Inschrift, das er zu tragen begann, weil er zum Islam gefunden hatte.

Die Seife der Marke Cien auf dem Waschbecken.

Die Zahnbürste mit ausgefransten Borsten.

Das blaue Ledersofa aus dem Conforama.

Der gelbe, an den Enden gerissene Bettbezug.

Die Kissen, vor Ankunft der Polizisten aufgeschüttelt.

Sie hatte ihm angesehen, welche Mühe es ihn gekostet hatte, alles wohnlich einzurichten.

Jahre später sagte ihre Mutter, es grenze an ein Wunder, dass sie das Jahr überlebt habe.

Es folgten Kredite. Ihre Mutter schraubte Möbel zusammen, die Kinder kriegten eine Katze, die am Tag der Hochzeit ihrer Tante, bevor sie von der Familie ihres zukünftigen Mannes in einer Zeremonie abgekauft wurde, auf den Baum kletterte, sodass die Feuerwehr kommen musste.

Es folgte ein Sommergewitter.

Die Bäume verloren ihre Blätter und kleine Äste. Am Tag vor der Hochzeit zog ein starker Sturm auf. Man hatte sich schön gemacht, einiges an Mühe aufgewendet, Lack in die Haare gesprüht und die Kleider im Internet bestellt. Vor einem gemieteten Haus am See schob sich die bosnische Familie geschnittene Gurken mit Quark und einer Prise Lavendelsalz in den Mund, als Reminiszenz an die bosnische Küche wurden gefüllte Paprika aufgetischt. Als habe sich die Hochzeit in zwei Lager geteilt, in ein bosnisches und ein schweizerisches, und als habe die Sprache entschieden, wer mit wem wie sprach. Man wählte aus französischem, deutschem, bosnischem und englischem Vokabular und übte sich im freundlichen Nicken, als man nach dem Weinglas griff. Feste wurden für üblich in Turnhallen gefeiert, die Sitzbänke mit Papier umhüllt, Plastikgeschirr auf den Tischen und die Sprossen an der Wand, an denen man sich im Unterricht hochzog, mit bunten, selbstaufgeblasenen Luftballons versehen, sodass man beim Pusten glaubte, die Augen würden platzen.

Derweil: das zerkratzte Auto, Drohungen, Anrufe, das Nachstellen in der Schule, dieser nicht ausgediente Zorn gegenüber der Anwältin, den Polizisten, der Schuldirektorin, seine ihr sich nähernden Schritte draußen, als Seka nachmittags nach der Schule mit einer Freundin unterwegs war und bald von einer Gruppe ihr nicht weiter bekannter junger Männer von ihm abgeschirmt wurde, als diese merkten, dass sie sich nicht wohl fühlte, während er weiter auf sie einsprach mit seinen auf sie gerichteten bosnischen Worten, ob sie etwa trinke, sich prostituiere, warum sie sich die Haare kurz geschnitten habe, was sie mit diesen Schweizern treibe, und diesen ihm so eigenen Beleidigungen, deren Eigenart war, dass sie einen glauben ließen, man trage irgendeine Schuld an diesen Vorwürfen.

Diese ihm so eigene Fürsorge für sein Kind.

Erst als er ihre Mutter in der Waschküche würgte, konnten sie einen Platzverweis erzwingen.

Kurze Zeit später zogen sie nach Bern und tauchten unter.

Bis er sie wiederfand und mit dem Auto vor ihrer Tür stand.

Seka, so schien es ihr, wurde ab diesem Zeitpunkt variabel und ihrer körperlichen Merkmale entbunden.

Ihr Rufname stand für »Mädchen« oder »Schwester«, sie war Einzelkind oder hatte Geschwister, war sieben Jahre alt oder längst volljährig. Mal war sie blond, mal braunhaarig und hob ihren Kopf, wenn man nach ihr rief. Seka legte den Namen erst mit dem Tod ihrer Eltern oder den Geschwistern ab, wobei mit ihm ihr eigentlicher Name zum Vorschein kam: Jasmina, Alina, Amra, Enisa, Svenja, Mirela oder Selma.

»Q. I apologise. I just wanted the – to clarify the first part of your answer. Because when you say ›I don't remember seeing them‹ could mean that you may have seen them but you don't remember that. So did you see them in Omarska or not?

A. If you want an explicit answer, I did not see them after that.

Q. Thank you. And before this incident, had you seen them in Omarska, any one of them?

A. No, I had not.«

Mit siebzehn Jahren wollte sie ihren Namen ändern und nie mehr aufgesucht werden. Sie wollte kein Lauern vor Türen, kein Sturmklingeln und kein Surren des Telefons. Sie gliederte ihr Anliegen in vier Abschnitte, schrieb ein Vorwort, anschließend eine Erörterung, eine Begründung und eine Zusammenfassung. Sie hatte sich belesen und Worte verwendet wie »Wahrung der Integrität« oder »Präzedenzfall«.

Heute?

Wahrscheinlich Rührung beim Anblick der Datei und der Mühe, die sie damals aufwand, ein bürokratisches Vokabular der Sache dienlich zu machen.

Sie schrieb: »Aus der Ehe sind zwei Kinder hervorgegangen«, und schrieb über ihre Mutter und ihren Vater. Sie wetterte im Antrag gegen die »Grauzone« und die »Schwierigkeit«, im Bereich der häuslichen Gewalt zu klagen, und darüber, wie selten doch der Verstoß gegen Persönlichkeitsrechte Gegenstand polizeilicher Ermittlungen sei, obschon sie vom amtlichen Tatbestand natürlich keine Ahnung hatte. Schließlich vergaß sie ihr Vorhaben, das Blatt bei der Behörde einzureichen, zumal eine Änderung der Namen, so sah sie, 700 Franken kostete.

Sie zog nach Deutschland, begann ihr Studium und glaubte sich sicher, bezog ihre erste Wohnung und sammelte auf Flohmärkten ihren ersten Hausrat zusammen. Weiterhin nahm sie keine Anrufe von unbekannten Nummern an, da ihr graute, einer lauten Stimme beantworten zu müssen, wo sie sei, mit wem sie unterwegs wäre, was sie tue, und sie auf die Frage »Was gibt's?« stets die gleiche Antwort geben müsste, nämlich »ništa« – nichts.

Als habe sie als Kind schon eine Art Entpersönlichung vollzogen, die ihr erlaubte, der Spannweite der väterlichen Gewalt einerseits und den Interessen und Leben ihrer Freunde andererseits standzuhalten. Als habe sie wie Joseph Conrad das Französisch der Kindheit für jeden weiteren Sprachgebrauch und jedes weitere Zurechtkommen vergessen müssen.

Er würde seine Bücher auf Englisch verfassen.

Sie traute der Zusage für das Studium erst, als sie ihre Studentenkarte mit dem Aufdruck ihres Gesichtes im Automaten validierte und in der Cafeteria essen ging. Sie wurde eitel, beobachtete sich in den Fenstern der Gebäude und stellte Mutmaßungen an, worin sich die anderen Leben vom eigenen unterschieden, verlor sich in Gedanken über den Eintritt des eigenen Todes, fragte sich, wie so oft, woran genau diese Beziehungen um sie herum gescheitert waren, blieb mit dem Blick hängen an einer Frau, die in der Bahn zwei, drei Sitze weiter vorn saß, während sie sich die letzte Begegnung vor Augen führte, in der man gestritten, dann geschrien hatte. Sie schüttelte leicht den Kopf und aktivierte den Shuffle-Modus des Handys, sodass das Lied wechselte, drückte den Knopf der Halterung bei der Haltestelle »H.-Liebmann-/Eisenbahnstraße« und stieg aus.

Sie kehrte nach einem Jahr für den Sommer zurück und traf Amirs Schwester in Bern. Seit kurzem backe sie Kuchen für Hochzeiten, verziere sie mit bosnischen Lilien und habe einem bosnischen Mann, den sie über Facebook kennengelernt habe und der als studierter Mann in einem Supermarkt Regale fülle, zwei Kinder geboren.

Sie heirateten. Sekas Mutter wurde Trauzeugin.

Es war ein lauer Abend, der von gelegentlichem Stimmengemurmel hier und da begleitet wurde. Die Sonne schien, und als Sekas Mutter hinzustieß, waren sie bereits etwas zu spät, liefen eilig die Lauben entlang. Es war jene Art von Veranstaltung, in deren Laufe man irgendwann wirtschafts- und politikkundig bei einem Weißwein über die desaströse Lage in Bosnien herzog, einer jener Abende, an denen sich die Darsteller als Kandidaten für eine Hochzeit anboten. Im Gegenzug für Schweizer Papiere natürlich, woraufhin lautes Lachen folgte.

Wie als ein chilenischer Referent mit strengem Anzug, gläsernen Augen und blasser Haut, ganz die Erscheinung eines Archivars, die Dokumente aus einem Nachlass sichtete und in einem seiner Slides den von Dolores Veintimilla de Galindo an ihre Schwester Josefina Veintimilla geschriebenen Brief zitierte: »Science is not a woman woman, science is a woman man.« Und für einen Lacher im akademischen Publikum sorgte.

Als hätte er Sorge, man würde ihn sonst nicht ernst nehmen, trug er am Tag seiner Präsentation ein am Kragen weit aufgestelltes Hemd.

Als wären sie erleichtert, dass sie sie nicht zu verstehen brauchten, diese Rezession da unten, diese Wirtschaft, dieses Leben dort, diese Krankheiten, für die man monatlich Geld beiseitelegte und bei der Western Union aufgab, für das dann Medikamente über den Schalter bezogen wurden, sondern gemeinsam in die nächste Strophe, den nächsten Refrain einstimmen konnten. Sie überspielten mit einem Augenzwinkern die falsch gesungenen Worte und summten weiter, bis sie den Text wieder wussten. Bei jedem anderen Anlass wäre ihnen der Anblick, den sie boten, dieser folkloristische Rückbezug auf erfundene Traditionen, peinlich. Längst sah man sie aber schon die Hände heben, sie im Takt hin- und herschwingen, bereits etwas übermütig vom Alkohol.

Als sich Amirs Schwester mit den Worten verabschiedete, sie müsse zurück zu ihren Kindern, gingen Seka und ihre Mutter zu den anderen, die sich Zigaretten anzündeten und Seka schließlich zu ihrem Studium befragten. Zögerlich zu Beginn fassten sie in der Runde mit jedem weiteren Wort Mut. Die Tochter sei groß geworden, sagten sie, und Sekas Mutter sah in der Bemerkung die Gelegenheit, zu erzählen, wie jung sie damals war, als sie das erste Kind bekommen hatte – »Einundzwanzig!« –, und lachte, als sie sagte, dass sie es immer wieder so machen würde. Das Studium habe sich so wunderbar mit dem Kinderkriegen vereinbaren lassen, man sei ja ganz frei, sich die Zeiten einzuteilen. »Nicht wahr?«

Am anderen Ende der Runde wurde ein neues Gespräch aufgenommen. In ausgewogenem Maß ernst und gewitzt wurde über die Arbeit gesprochen, über die eigenen Fehlschläge oder schon die zweite Scheidung berichtet, von der unerwarteten Schwangerschaft einer Kindheitsliebe, die man einst übers Internet wiedergefunden hatte.

Bei Anlässen wie diesem sprach man über Briefe, alte Liebesbriefe, die man schrieb, im Krieg noch.

Was er sonst so mache in seinem Leben, ihr Freund in Deutschland, neben der Musik, fragten sie.

Sie entschuldigte sich unter dem Vorwand, noch etwas zu trinken zu holen, ging rein, stellte sich an die Bar, suchte die Aufmerksamkeit des Kellners. Sie bestellte zwei Gläser Wein und gab sie, als sie zurückkam, in die Hände der anderen, die sie dankend entgegennahmen, und unterbrach dabei Alma, die gerade über ihren Sohn sprach, der vor Gericht geladen war.

Während Alma einem jungen Mann, der nach Feuer gefragt hatte, ihr Feuerzeug reichte, nahm Seka still Anteil an ihrer Erscheinung, die sie in Folge nachahmen, dabei aber an der Handfertigkeit, die es dafür brauchte, scheitern würde: Ihre Haare waren frisch blondiert, der Lidschatten bis zu den Brauenbögen hochgezogen, ihre Wangen derart gepudert, als ob sie dem Licht der Abendsonne Einhalt boten. Ihre Lippen, die sie in regelmäßigen Abständen Behandlungen unterzog, hinterließen beim Sprechen den Eindruck, als wären sie betäubt.

Beinahe täglich stieg Edin an der Haltestelle aus, an der die Bäckerei Lebkuchen mit der Aufschrift »Welcome in Schönbühl« hinter die Scheiben gehängt hatte, eine Ortschaft, die »Kleinbosnien« genannt wurde, gelegentlich auch er ohne Antwort auf die Frage, ob er Schweizer sei. Die Haltestelle war eingleisig, hatte eine Schranke und ein zusätzliches Haltestellenschild für den Nachtbus, der an Wochenenden dreimal in der Nacht den Weg zwischen Stadt und Dorf fuhr und die betrunkene Jugend wieder nachhause brachte. Die Mädchen, die Edin interessierten, präparierten ihre Haare mit einem Lockenstab, jeden Sommer fuhren auch sie zurück in die Heimat und begrüßten seine Entscheidung, zum Militär zu gehen. Auf Fotografien formte er mit seinen Händen den kosovarischen Adler und zeigte sich mit seinen Brüdern solidarisch. Schließlich, so sagten sie, vereine sie der Hass auf Serben.

Auch er war jemand, der sich eine Freundin wie Monica Bellucci wünschte, die er im Film *Irréversible* von Gaspar Noé zum ersten Mal gesehen hatte, und der später im Trikot der bosnischen Fußballnationalmannschaft beschließen würde, weder Schule noch Arbeit interessant genug zu finden, um ihnen nachzugehen. Als er aus geraumer Entfernung einmal sah, wie ein paar vermummte Jungs mehrere Container umwarfen und sie in Brand setzten, Barrikaden auf der Straße errichteten, die Scheiben der Läden einschlugen, hatte ihn dieser Anblick in solche Aufregung versetzt, dass er in Folge tagelang noch daran denken musste. In seiner Vorstellung hatte sein Vater im Krieg gekämpft und dabei schreckliche Dinge erlebt. In Wahrheit hatte dieser sein Geld in Wettbüros verspielt und den Rest für Kokain ausgegeben, Schulden angehäuft und die Familie verlassen, als Edin noch ein Kind war.

Als sie seine Mutter über ihn sprechen hörte, verspürte Seka den Wunsch, mit Edin auszugehen, sich von ihm, wie er ihr einmal zusicherte, im Club den Tisch hinter der Absperrung zuweisen zu lassen.

Beide hörten sie dieselbe Musik, wohl aus den gleichen Gründen.

Er träumte davon, reich zu werden, und wenn man ihn fragte, was er mit dem Geld machen wolle, sagte er: »Nach Bosnien.«

Seka bat ihre Mutter bei einem Kaffee, ihr ein paar Namen aufzuschreiben. Diese verband sie mit gestrichelten und gepunkteten Linien, kreiste manche in Wolken ein. Sie markierte den Todesgrund wie »Landmaschinenunfall« mangels Alternative mit Kreuzen oder fügte bei einer Frau »leichte Beute« hinzu oder »Koranverse gelehrt« und wieder bei einer anderen »Geschenk von Vater an besten Freund«.

An dieser Stelle das Posaunen und Tröten aus dem Orchestergraben.

Die Namen auf dem Blatt: Ramo, Mina, Jusuf, Samka, Ramiz, Zufer, Rasma, Šefika, Šefik, Damir, Eno, Refik, Zuhra, Saida, Hava, Bahra, Zilha, Amir und Minka.

Sie wussten, dass ihnen am Nebentisch zugehört wurde, sodass sie ihre Stimmen senkten, als ihre Mutter im selben Atemzug ergänzte, sie habe erfahren, der Nachrichtendienst habe Sekas Vater nun einen gut bezahlten Job vermittelt.

Er sei in ein Programm eingebunden worden, eine Art Beschäftigungs- oder Sozialisierungsmaßnahme, die erlassen wurde, um potenzielle Gefährder zu besänftigen. Auf die Frage ihrer Mutter, ob er sich denn jetzt, da er besser verdiene, an den Schulkosten von Sekas Bruder beteiligen wolle, hatte er verneint, da er Schulden begleichen müsse. Seit Jahren schon weigere er sich, die Radio- und Fernsehgebühren zu zahlen.

Beide hatten sie jahrelang gewartet, dass er sich nach Bosnien absetzen und in Sarajevo ein kleines Haus bauen würde und zur Ruhe käme. Stattdessen pflanzte er Kirschbäume an und wollte das Grundstück verkaufen, als ihre Mutter es nach zehn Jahren abgezahlt hatte.

Ein kleines Polaroid.

Für wen wohl die Kirschen heute blühten?

Ihr Vater und ihre Mutter knien in der Baščaršija in Sarajevo, der Altstadt, und halten ein kleines Mädchen an den Händen, dessen Stirn leicht gerunzelt ist, sodass sich die Augenbrauen verziehen. Sie helfen ihr beim Stehen, sie kann noch nicht gehen. Im Hintergrund eine gebirgsähnliche Erhöhung mit Häusern, reges Treiben in der Stadt, Ziegeldächer, weiße Plastikstühle und mit Korn gefüllte Hände, welche geöffnet und an langen Armen hingestreckt sind, um die Tauben zu füttern.

Sie saß gleich an der Tür an einem großen Fenster, als Teetassen zu Boden flogen und sich eine Gruppe Männer in zwei Lager teilte.

Zurück in Leipzig kaufte sie Brot und frühstückte.

Die Männer prügelten sich, schlugen das Glas einer Bushaltestelle ein.

Mit jedem Morgen, der sie aus dem Bett schickte, blieb, ungeachtet aller Hektik, die den restlichen Tag bestimmte, ein rascher Blick durchs Fenster. Sie streckte den Rücken und sah in das frühe Morgenlicht des beginnenden Tages. Über den Innenhof hinweg ragte ein großes, weites Blau. Für kurz schienen die Wohnung, das Haus und das Viertel ruhig. Sie setzte Wasser auf für Tee und sah ihm zu, bis es kochte. Mit dem ersten Schluck wurde pünktlich die Türklinke der grauen Tür im Innenhof niedergedrückt. Es trat ein Mann heraus, der seinen gewohnten Gang an Mülleimern und Gasflaschen vorbei zur Baracke ging, um nur wenige Augenblicke später mit in Plastik verpacktem Fleisch wieder herauszutreten.

Sie warf Haferflocken in eine Schüssel, füllte sie mit Milch und schnitt eine Banane hinein, ging aus der Küche in das andere Zimmer und setzte sich an den großen Tisch, der durch die Jahre deutliche Zeichen der Abnutzung hatte: Der Tisch war seit mehreren Generationen in Gebrauch und würde mit ihr womöglich auch sein Ende finden, es war der alte Sekretär ihrer Mutter. Sie hatte nur die Tischplatte behalten und den Rest entsorgt. Die Schubladen des Sekretärs waren zu schwer gewesen, als dass sie sie hätte mitnehmen können. Im Gegensatz zu ihrer Mutter hatte sie auch keine Akten und Ordner von Belang zu verstauen, Schulhefte oder dergleichen, auch keine Dinge, die auf eine Vergangenheit wiesen, wohl aber auf eine vielgesuchte Geschäftigkeit.

Sie zog sich ein Paar Socken über und stand am späteren Nachmittag wieder am Herd, schüttete Linsen ins Wasser, gab Kartoffeln hinzu und verbrannte sich. Sie holte ein Paket bei den Nachbarn ab, und sowie sie an der Tür klopfte, hoffte sie, dass man es ihr schnell übergeben und sie nicht in ein Gespräch verwickeln würde.

Mit der ersten Liebe kam ein neues Leben.

Sie stachen sich hohe Schuhe der Marke Louboutin auf die Oberarme, Bierdosen, Aufschriften wie »Punk lebt« oder »Lavazza«, den Schriftzug der gleichnamigen Kaffeemarke. Seka riet ihnen, ihre Gesichter zu tätowieren und die Hände. Am besten gleich ein Hakenkreuz, das entspräche ihrer deutschen, so subversiven Art. In einer montenegrinischen Sportsbar saßen sie mit ihren besten Freunden vor Postern mit Cindy Crawford und küssten sich, während sie in die Kamera die einbalsamierte Hand hoben, die frisch gebrochen war, und den Mittelfinger zeigten. Im Hintergrund sang Dragana Mirković in einem Duett, man solle die Fenster etwas öffnen, damit alles Hässliche nach draußen verschwinde: Ihr Leben sei ohne ihren Liebsten nur eine vergängliche Sache.

»Život svoj ne volim ko tebe ja.«

Während sie das Blut nicht mehr aus der Jeansjacke kriegten, räumten sie auf ihren Bäuchen Drachenköpfen Platz. Sie standen in ihren hellen Jeans Deutschland entschieden entgegen und trugen Rollkragenpullover, diese Antikonformisten, so unbeholfen in ihrem Ausdruck mit einem Bier in der Hand. Kein Wunder, denn das jahrelange Sitzen auf den Schulbänken hatte nie Freude bereitet und gewährleistete, so lernten sie zwei Monate auf dem Arbeitsmarkt, keinen Beruf, der ihnen entsprach. Sie hielten die Aussicht, alleine zu leben, nicht aus, wurden Väter.

Zwei junge Menschen küssen sich. Im Hintergrund sieht man die Stadt, das Kirchenfeld. Ihre Mutter trägt einen dunklen Mantel, ihr Vater einen Parka, der Himmel tatsächlich grau.

Ihre Mutter konnte zu diesem Zeitpunkt bereits mit ihr schwanger gewesen sein. Vielleicht hatten sie beide einen Ausflug nach Bern gemacht, um sich die Universität einmal anzusehen, an der ihre Mutter kurze Zeit später beginnen würde, Wirtschaft zu studieren. Ihr Vater überragte ihre Mutter um zwei Köpfe, weshalb sie sich auf die Zehenspitzen stellte.

Wie verliebt sie waren.

»My dear Minka«

Hinter ihnen war das Kirchenfeldquartier zu sehen, das mittels einer alten Stahlbogenbrücke vom Stadtkern aus zu erreichen war. Nicht unweit der Brücke waren die Englischen Anlagen. Auf dem Foto befanden sie sich gleich links von ihrem

Vater. Sie lagen direkt an der Aare und boten sowohl den An-
wohnern wie auch Touristen einen beliebten Erholungsort,
sorgten jedoch für Verwirrung, da man bei ihrem Namen
Rosensträucher und sorgfältig gestutzten Rasen erwartete,
stattdessen jedoch ein Wäldchen antraf, in dem frühmorgens
die Kieswege von Joggern aufgewühlt wurden, Hunde ihren
Auslauf kriegten und nachmittags der Geruch von Marihua-
na vom Ufer aufstieg.

Ansicht verschiedener Baupläne, Zeichnungen nach höfi-
schem Vorbild aus den Jahren 1872 und 1881 und erster Fotografien von 1894 (»Blick vom Münsterturm«).

Zwanzig Jahre später bereits die Perspektive aus dem Flugzeug (»Foto Swissair vor 1920«), das vormals grüne Feld bereits als Siedlung erschlossen.

Kartografisch erfasste Gebiete, durch die sie heute ihre Runden lief.

»Zu dem Zwecke, das sogenannte Kirchen- und Lindenfeld
in Bern zu kaufen, mittelst einer Brücke mit der Stadt Bern
zu verbinden und nachher in einzelnen Teilen oder insgesamt wieder zu veräussern, gründete sich am 29. Juli 1881 in
London eine nach englischem Recht gebildete Gesellschaft
mit beschränkter Haftung unter der Firma ›Berne Land
Company Limited‹. [...] Die ersten Direktoren waren: Ale-
xander Grant Dallas, Esq., Präsident der Direktion; Sir Thomas Gore Brown; Sir Charles Clifford und William Smellie
Graham, Esq., alle teils in London selbst, teils sonst in Gross-
britannien wohnhaft.« (Bundesratsbeschluss, 1899)

Englische Handelsmänner und Offiziere mit Besitz in Tasmanien, Neuseeland, Australien, »eine Spekulantengruppe«, welche die Brücke zur Erschließung des Baulandes bauen ließ.

Die Brücke war nicht befahrbar und vollständig von Baumaßnahmen in Beschlag genommen. Womöglich wurde jede Schraube einzeln rausgedreht und mühselig durch eine neue ersetzt. Jüngst waren Sicherheitsnetze angebracht worden, da etliche Menschen in den Tod gesprungen und direkt auf einen Sportplatz gefallen waren, auf dem Schulklassen Unterricht hatten.

Lief man an den neu errichteten Absperrungen vorbei und sah man von der »gletschergrünen«, so las sie mal, Aare hoch, die unter den eigenen Füßen davonrauschte und deren klares Wasser Sicht auf die Steine freigab, sah man geradewegs auf das Historische Museum.

Eine alberne Einrichtung, wie sie fand, dieses Haus, weder Schloss noch Burg. Der Bau war von Tannen und viel Grün umgeben, ein breiter Kiesweg führte zum Eingang, dem Hauptportal. Das Portal war mit zwei Türmchen bestückt, diese waren verschieden groß, Ecktürme, zum Gebäude zugehörig und wahrscheinlich von innen begehbar. Sie rankten an den Seiten empor. Eines davon war in rotem Gewand gekleidet, bei genauerer Betrachtung zeigte sich, dass es eine Plastikplane war. An der Fassade des Westflügels hing ein großes Plakat, das für die aktuelle Ausstellung warb, darunter erstreckte sich der parkähnliche Vorgarten, von einem Zaun umschlossen, mit einem Eingangstor in der Mitte, das von zwei steinernen Bären bewacht wurde, die von großen

Sockeln auf die Besucher herabblickten. Einmal, auf dem Weg zur Schule, hatte sie noch den Kran gesehen, der die Arbeiter hochgefahren und sie zwischen Äste und Zweige geführt hatte. Befand man sich unmittelbar vor dem Eingangstor, stand man unter strenger Beobachtung der beiden Bären, hörte man genau hin, glaubte man, im Hintergrund das Wasser zu hören.

Was man auf der Fotografie ihrer Eltern nicht sah, waren die Gründe, weshalb ihre Mutter damals darauf achtete, ihre Namen nicht öffentlich zu nennen. Auf keiner Website, keiner Klassenliste, bei keinem Orientierungslauf. Ebenso wenig sehen konnte man den Arbeitsplatz in der Schweizer Nationalbibliothek, den Seka angemietet hatte, als sie mit sechzehn Jahren die Schule nicht weiter besuchte. Sie hatte sich eingemietet, weil es Winter war und sie einen Platz im Warmen brauchte. Sie blieb so lange, bis es wärmer wurde und sie auf dem Weg zum Kaffeeautomaten sah, wie der warme Wind, der ihr draußen nach dem Schwimmen die Haut hätte trocknen können, die Fenster hin und her bewegte.

Eine Besucherin eines archäologischen Museums in Kroatien wünschte sich bessere Luft.

Ein weiteres Bild.

Die Fassade eines Hauses mit gewölbtem Toreingang, ausgekleidet mit weißem Stein, vor dem vergitterten Tor steht eine Gruppe Menschen. Mit ihren Händen umfassen sie die Stäbe und blicken in den Innenhof. Seka hält Steine in der Hand und trägt ein rotes Kleid mit weißem Kragen, sie reicht ihrem Vater bis zum Oberschenkel, sein Blick ist streng, sein Haaransatz bereits etwas zurückgegangen. Sie sind in Zadar und stehen vor einem archäologischen Museum (Holz, Boote, Dinge, vielfach Altes).

Er habe sich immer schon für Geschichte interessiert.

Habe seine Tage früher in Sarajevo zeitungslesend verbracht, kaffeetrinkend, gesprächig, politikkundig sei er gewesen, ein Denker.

Eine Besucherin des Museums wünschte sich im Kommentar auf Tripadvisor in jedem Zimmer eine Klimaanlage. »Ziemlich langweilig. Es gibt dort nicht wirklich etwas Interessantes, jedoch ist das Personal sehr freundlich und die Toiletten sehr sauber.«

Die Schäden sah man erst, als der Krieg vorbei war.

Senad hatte dunkles Haar, war 1,84 m groß und trug gerne Turnschuhe. Seka gab seinen Namen an, als sie ihren Pass verlängern musste. Wohnsitz und Beruf: unbekannt.

Von der Gemeinde zugewiesenes wöchentliches Essensgeld: 96 Franken. Ihre Mutter arbeitete und verdiente ausreichend Geld für eine kleine Studiowohnung und trug abends die Bücher aus der Bibliothek nachhause.

Ein bloßer Schläger war er nie, war im Grunde sehr sensibel, an den Dingen interessiert, voller Themen, Ideen, glaubte sich missverstanden, von so vielen.

Die Wespen scheuchten sie am Tag der Arbeit, dem 1. Mai, in Besançon mit einfachen Handbewegungen weg, kleine frisierte Motorräder für Kinder dröhnten die Wiesen auf und ab, es stank nach Benzin, die Erwachsenen unterhielten sich, Seka sammelte Haselnüsse, flocht einen Blumenkranz aus Margeriten. Zur Einbürgerung wurden Feste gefeiert, ein Lamm gegessen, das sich motorisiert drehte, mit Strom versorgt von einer Autobatterie, auf dem nächstgelegenen grünen Feld, dem Friedhof.

Seka hielt im Fotoautomaten den Mund geschlossen, las, man solle nicht lächeln. Man hatte die Schweizer Papiere im Jahr 2011 erhalten, hatte gesagt, in der Schweiz könne man den Kindern eine Zukunft geben, sie ausbilden lassen, ihnen ein Leben bieten. Auf dem Passfoto dieses Licht, das auf den Blick in die schale Linse der Kamera folgte, ein Gesicht, als wäre man erschrocken.

Zehn Jahre später kam der erneuerte Pass per Post, ihr Gesicht war magerer, die Augen waren dunkel geschminkt, die einst kurz geschnittenen Haare wieder gewachsen. Sie war in den zehn Jahren um glatte neun Zentimeter größer geworden, trug bereits erste Anzeichen von Falten im Gesicht, hatte sich verliebt, viele Sehnsüchte in ihrem Körper ausgetragen und für einen kurzen Moment frei gelebt.

Das Bild ihrer Eltern in Bern vor der Kirchenfeldbrücke war das letzte Bild aus dem Album, danach kam nichts mehr – nur noch weiße Seiten –, das Album wurde nur zur Hälfte mit Fotografien gefüllt, anschließend wurde ein neues aufgeschlagen und mit den Fotografien ihres Bruders beklebt.

»Wir haben auch andere Bilder«, erklärte ihre Mutter, als sie ihr eine weitere Kiste aus dem Schrank reichte, »die meisten sind aber verbrannt unten im Haus.«

»Wann ist das Haus verbrannt?«

»Ich glaube 93 – oder 94.«

Mit der ersten Trennung kam der Anstieg.

Seka ging in die Berge. Die Anstrengung zwang sie, müde zu werden, und erinnerte sie daran, wie sehr sie nachts wieder schlafen wollte. Um einen Tag zu bewältigen, reichten ihr im Grunde eineinhalb Stunden Schlaf oder zwei, doch nahm das dem Körper nicht die Mühe. Um halb vier Uhr morgens schaltete Seka alle Lichter in der Wohnung an, ließ das Radio laufen, damit es nicht still war, und zwang sich, in einem plötzlichen Eifer zu putzen, in der Hoffnung, dass sie davon müde werden würde. Sie überdauerte die Stunden bis zum Tagesanbruch mit einem kleinen Kissen auf dem Boden des Bades.

Sie hörte das Knirschen unter den Füßen.

Die Landschaft war schneebedeckt. Ihr Atem nahm sich am Schnee ein Beispiel und legte sich auf die Äste und den Boden, sie sah die Atemwolke aus ihrem Mund treten. Der Makler versuchte, sie auf ihrem Handy zu erreichen, und wollte Einzelheiten zu ihrem Auszug in Leipzig in Erfahrung bringen. Sie atmete ein, bewegte sich zwischen eingefrorenen Tannen und Buchen im Wald, den sie für lange Zeit gemieden hatte, sie sah die Exkremente eines Pferdes. Als sie auf die Pferdeäpfel trat, machte deren Entzweibrechen einer Art Staunen und Erleichterung Platz.

Der Schnee zeigte Spuren eines Tieres. Es war ein Fuchs. Die Striche im Schnee waren die Ziehspur seines Schwanzes. Die Abdrücke der Pfoten glichen denen eines Hundes. Eine Freundin hatte vorgeschlagen, sie im Auto mitzunehmen und ihren Hund, einen Dobermann, der auf den Namen Rembrandt hörte, gemeinsam auszuführen. Sein Fell glänzte im Sonnenlicht, und seine Muskeln traten bei jeder Bewegung zum Vorschein. Seine feuchte Nasenspitze suchte ihre Berührung. Sie war beeindruckt von der Größe seiner Pfoten und der Ruhe, als er neben ihr herging. Seine Ohren spitzten sich. Er verschwand und kam erst nach dem dritten Pfiff zurück. Ihre Freundin sagte, er hätte ein Reh gesichtet.

Sie war um jede Berührung, die ihr zuteilwurde, froh. Sei es auch nur die eines Hundes. Sie war jeder neuen Landschaft zugetan. So auch jedem neuen Gedanken, der ihr den Kopf klärte. Das Knirschen unter ihren Sohlen, das fortwährende Knacken von vereisten Zweigen beruhigte sie. Sie liefen an gestapelten Baumstämmen vorbei und an von Schnee beschwerten Halmen, Gebüschen und Ästen. Sie folgte einem Hund, der ihr den Weg wies und dem sie, ohne zu zögern, zutraute, sie zurück in die Welt zu holen. In diejenige, die war. Sie traute ihm zu, ihr den Druck von der Lunge zu nehmen und sie in ein Leben zurückzuführen, das wieder werden würde. Der gefrorene Kies haftete nicht an ihren Schuhen und fiel wie Schnee mit einem einfachen Klopfen wieder ab. Bevor sie ins Auto stieg, schüttelte sie ihre Füße aus und war froh, dass es Bewegungen waren, mit denen sie bereits vertraut war.

Der Hinweis, der Begriff »Sklave« stamme aus dem Gebrauch für einen »Unfreien slawischer Herkunft« und führe zurück auf denselben Wortstamm.

Sie verlor sich, legte Listen an.

Der Handel mit den aus dem Balkan und Kaukasus wohl heidnischen Sklaven entfaltete sich ab dem 9. Jahrhundert und erlebte bis ins 11. Jahrhundert hinein eine Blütezeit. Da im Koran die Versklavung von Muslimen verboten war, Eunuchen jedoch für ihre spätere Beschäftigung in den Hamams dringend benötigt wurden, wurde das slawische Hinterland erschlossen, wobei durch Bosnien eine wichtige Handelsroute ging.

Junge Männer, die Eunuchen, überlebten die im Knabenalter vollzogene Kastration meistens nicht, starben an Entzündungen oder Verblutungen. Sie waren deshalb von größtem Wert, auch wenn von ihnen meistens ein schlechter Geruch nach Urin ausging, da ihnen die Harnröhre verstümmelt wurde.

Sie würde von Anne Carson klauen:

»He was not wrong that sad anthropologist who told us the primary function of writing is to enslave human beings. Intellectual and aesthetic uses came later.« (2001)

Sie würde die Quelle suchen und den traurigen Anthropologen finden:

»Wenn meine Hypothese stimmt, müssen wir annehmen, daß die primäre Funktion der schriftlichen Kommunikation darin besteht, die Versklavung zu erleichtern. Die Verwendung der Schrift zu uneigennützigen Zwecken, d.h. im Dienst intellektueller und ästhetischer Befriedigung, ist ein sekundäres Ergebnis, wenn nicht gar nur ein Mittel, um das andere zu verstärken, zu rechtfertigen oder zu verschleiern.« (Claude Lévi-Strauss, 1955)

Eine, wie ihr ein Kommilitone in der Küche bei einem Kaffee sagte, heute bereits überholte Hypothese.

Später in einem Vortrag zu Claude Lévi-Strauss das ständige Wort »kinship«. Der Kommilitone, ein amerikanischer Muttersprachler, sagte, es heiße »Verwandtschaft«, es ginge im Referat um die Verwandtschaftsverhältnisse einer kleinen Gemeinschaft im Amazonas, die Lévi-Strauss als Anthropologe einst in strukturalistischem Deutungszwang mathematisch-logisch erfasste.

»Ah, ach so.«

Sie würde die vielen Fotografien, die schwarzweißen Darstellungen der Menschen mittig des Buches überblättern.

Beim Lesen hatte sie den Eindruck, Anthropologen und Ethnografen seien alle dem städtischen Leben Abgewandte, Einsame, vielleicht Außenseiter jener Art, die in der Ferne eine Antwort oder Lösung suchten, nahezu so, als würden sie sich versprechen, jemand würde auf die Vielzahl ihrer Hinweise warten.

Weiter, die in einem anderen Auftrag recherchierten Fotografien: *Sleeping Beauty, City of Refuge, Hawaii*; augenscheinlich hießen die Antworten, warum Missionare nach Hawaii gingen, *Native Nymph* (*Hawaiian Heathen and others*, 1919).

Darstellung barbusiger Frauen, »Heidinnen«, unzählige.

Ein hawaiianisches Picknick:

»Picnics are of daily occurrence; in fact their life is one long picnic.« (*Picturesque Hawaii*, 1894)

Weiter, in einem von Katharine Coman, einer amerikanischen Sozialreformerin, verfassten Bericht aus dem Jahr 1903:

»The problem of converting a tropical country inhabited by a primitive people to the uses of modern industry has been solved in diverse ways by the Spanish in Cuba and the Philippines, by the Dutch in Java and East Sumatra, by the English in British Guiana and the Straits Settlements, by the Belgians in the Congo Free State.« (*Contract Labor in the Hawaiian Islands*)

The problems have been solved.

Belege auf dem Silbertablett.

Später, in einer anderen Lektüre, Marguerite Duras im Gespräch mit Jérôme Beaujour:

»Men like women who write. Even though they don't say so. A writer is a foreign country.«

Es würde regnen. Sie würde Wäsche zusammenlegen.

Würde lediglich ein verlegenes »Verreck, du Hurensohn« vor sich her tragen.

Auch nach Jahren wusste sie die deutsche Mehrzahl von »Betrug« nicht. »Betrayal«, auch im Englischen ohne richtigen, den Affären gerechten Plural.

Dinge, die sie ihm nie gesagt hatte (mit Anne Carson gesprochen):
Coward.
I know.
Betrayer.
Yes.
Opportunist.
I can see why you would think that.
Slave.
Go on.

Sie war mit ihm in den Bergen gewesen.

Hatte mit ihm das zu sehen gekriegt, wofür englische Bildungsbürger im 19. Jahrhundert noch das Vokabular der schönen Künste anwandten.

Kleine Auslassungen in den Fassaden der mehrstöckigen Hotel-Gebäude ließen dem Auge freie Sicht.

Heute las sie in einem Buch Folgendes: »Bildungsbürger entdecken die Alpen im 19. Jahrhundert«, und blieb bei der aufgeschlagenen Doppelseite des schweren Bildbandes an einer Auswahl historischer Fotografien hängen, die unter anderem einen Touristen in nachdenklicher Pose vor dem Jungfrau-Bergmassiv im Jahr 1865 zeigten, mit der Unterschrift »Städter umarmen die Berge«. Weiter las sie, die Alpen hätten um die Jahrhundertwende einem neuartigen Erlebnis gedient, sie seien ein paar Jahre zuvor von der Berner Bevölkerung aufgrund ihrer Dunkelheit und Kälte noch gefürchtet worden, bis schließlich erste englische und französische Touristen für dieses neue Vorhaben der Freizeitgestaltung, das Wandern, das Vokabular der schönen Künste anwandten und damit die Alpen beschrieben: womöglich folgte die Erfindung der Alpen, ihre infrastrukturelle Erschließung.

In etwa: »Von solchem Rosarot, wie man es so oft gehört«, oder auch: »Die Jungfrau jenseits der Thalesspalte kam uns bald zum Entzücken nah. Das Bild wird endlich über alle Darstellung groß. [...] Solch eine Bühne, die selbst ein mächtiger Berg ist, hebt allein zu dem geziemenden Standort, um das erhebendste aller Schauspiele in der sichtbaren Natur von Angesicht zu Angesicht aufzufassen.«

»Sie hat solche Launen, so unsagbare Lächeln, eine so rätselhafte Reizbarkeit, ein Knurren unterdrückten Zorns, solchen Donner von Lawinen, solche Sternenkronen«, schrieb der englische Schriftsteller Thomas Edward Brown, der 1874 in Mürren war, und führte fort: »Dankbar, aber traurig ging ich in mein Zimmer hinauf. Ich las bei Kerzenlicht, denn sofort nach Sonnenuntergang wird es dunkel, als A. rief, ich solle durchs Fenster schauen. Was für eine Wiedergeburt, so sanft und zärtlich, wie Miltons Sonnet über seine verstorbene Frau, die ihm erschien. Der Mond war aufgegangen, und da war die Jungfrau.«

Entworfen von Ortsfremden war schon hier diese Idee der »einzigartig reinen Luft« der Schweizer Berge, Sujet der nach England transportierten Briefe. Jahre später folgten erste Investoren, bauten Hotels und boten der Aussicht des »handlichen Alpenidylls« weitere Fenster. Sie las, die Landschaft sei seit diesen Be- und Zuschreibungen niemals wieder die gleiche gewesen. Seither richte sich die Bergwelt für die Zureisenden her und wende erhebliche Mühe auf, das zu sein (Kuhglocken, Chalets, Alphorn), was man von ihr erwarte.

Das Holz musste man schlagen.

Oder kaufen. Beim Förster oder im Tal. Man musste es durch den Wald tragen bis vors eigene Haus, durchatmen, tief Luft holen, die Füße langsam, aber bestimmt, einen nach dem anderen in Bewegung setzen und danach die roten Schwielen an den Händen massieren, sie vielleicht unters warme Wasser halten, später eincremen. Vorher aber musste man die Scheite noch stapeln.

Sie hatten Scheite ins Dachgeschoss getragen, eines nach dem anderen in die Stube, bis der Korb neben dem Ofen gefüllt und die Wand bis obenhin mit Holz zugestapelt war. Sie hatten damals für ein paar Tage eine Hütte im Berner Oberland bezogen. Das Holz bot Ungeziefer Unterschlupf, Käfern, Heuschrecken, Spinnen. Den Schlüssel ließen sie auf den Tisch fallen, zogen sich die Schuhe aus, schlüpften in die Hausschuhe und drehten im Bad das heiße Wasser auf.

Draußen war kein einziger Weg beleuchtet, die wenigen Nachbarhäuser waren nicht bewohnt, und das Tal war in weiter Ferne, dazwischen lag – Idee oder nicht – dichter Wald. Sie legten sich nach dem Bad ins Bett, winkelten ihre Beine an und zogen die Decken bis unter das Kinn. Mit dem nächsten Morgen fing ein arbeitsamer Tag an, in der Nähe wurde gebaut. Ein Hubschrauber seilte Lasten ab, flog in gleichmäßigen Abständen in den Nebel und holte neues Material, trug schweren Stahl an einem Seil an den Hang heran. Beugten sie sich aus dem Fenster, sahen sie, wie nah er die Last ablud. Die Baustelle lag auf dem Grundstück nebenan, die Bäume beugten sich im Wind der Rotorblätter, die Äste schwankten, und das Laub wurde haushoch in weitere Lüfte getragen.

Tage?

Weiß.

Ab und an Büsche.

Beerenstauden.

Moosbewachsenes.

Kein Mangel an »Thorheit«, allerlei Einfalt.

Bis auf den Hubschrauber hörte man lediglich die Motorsägen der Arbeiter im Wald. Das Trommeln des Regens, die Glocken der Kühe, ihr Muhen, das Grasen, dann wieder den Helikopter, der ins Tal flog, das Rattern des Kleintransporters, der Zementsäcke auf der Ladefläche transportierte. Sie sahen förmlich, wie sich der Nebel bewegte, ins Tal verschwand und von Neuem zurückkehrte. Im Sichtfeld übrig blieben die wenigen Bäume und Büsche direkt vor dem Haus.

Was in den Bergen tagesbestimmend war: das Feuer und der Ofen, das Knistern, das Herantragen der Scheite.

Das Haus hatte drei Etagen, von der nur die oberste von ihnen bewohnt wurde, vom Tisch aus überblickten sie die ganze Stube, die wie das Mobiliar vollständig aus Holz bestand. Es war eine kleine Wohnung, in der eine Küchenzeile Platz fand, ein großer Tisch, Stühle, ein Bauernschrank, zwei Betten, ein Bad, zwei Sessel und ein Beistelltisch. Auf ihm stapelten sich Modemagazine aus vergangenen Jahren, Kriminalromane und Prospekte der Wanderrouten des Berner Oberlandes. Wenn es das Wetter erlaubte, ließen sie die Fenster geöffnet, blickten grau gesprenkeltem, ansonsten gleißendem Weiß entgegen. Bei Nacht sahen sie auf einen Wasserfall, der von Scheinwerfern beleuchtet wurde. Wenn es kalt wurde, hielt sie ein alter Küchenofen warm. Die Wohnung war mit Tassen und Keramik, mit getrockneten Blumen und den Bildern alter Familienangehöriger geschmückt. Strenge Blicke, graues Haar, lose Zöpfe. Der große Tisch stand rechts von den Fenstern, darauf ausgebrannte Kerzen und Vasen. Einmal deckten sie ihn mit einem Apfelkuchen, anderntags war da ein Laptop und lagen ein paar Bücher auf. Wenn sie aßen, wurde alles zur Seite geschoben. Sie spülten nach dem Essen die Pfannen, durchschritten den Weg vom Wald ins Dorf, fanden sich vor riesigen Tannen und trauten manchmal ihren Augen nicht, als sie sahen, wo sie waren.

Morgens wartete sie darauf, dass er auf einer kleinen Lichtung zwischen Wald und Bauernhof erschien. Er holte frische Brötchen aus dem Dorf, eine überaus deutsche Eigenheit, wie sie fand. Diese Lust auf Brötchen. Sie lehnte sich aus dem Fenster und wartete auf sein rotes Cap, das sich in der Ferne zeigte. Mit den Brötchen brachte er auch Holz und Laub in die Wohnung, kurze Zeit später lag ein Geruch von frischem Kaffee im Raum, den sie tranken, während sie auf den Gipfel der Jungfrau blickten.

Ihre Eroberung, die Besteigung etc.

Manchmal kam er einen anderen Weg, sodass sie überrascht war, wenn er plötzlich in der Wohnung stand, ohne vorher auf der Lichtung erschienen zu sein.

An einem solchen Morgen war der Himmel wieder zugezogen. Die Berge waren nur noch zu erahnen, im Radio hörten sie einen Bericht über eine Franklin-Expedition im Jahr 1845 und vom einsamen Tod vieler Männer in der Arktis, sie hörten, es habe sich dabei um eine Expedition gehandelt, bei der alle Teilnehmer beim Versuch, den Pazifik über die Nord-West-Passage zu erreichen, gestorben waren.

Die Schiffe trugen die Namen *Erebus* und *Terror*, schienen zu Beginn noch winterfest und würden hundert Jahre nach Aufbruch auf dem Grund kanadischer Küstengebiete gefunden werden.

Während im Radio Worte wie »arbeitstüchtig« und »duldsam« fielen, der Geruch von geschmolzener Butter und Spiegelei.

W. G. Sebald im Zusammenhang mit Segelschiffen auf Seite 96:

»[…] was für ein enormer Aufwand an Arbeit – vom Schlagen und Zurichten der Bäume, von der Gewinnung und der Verhüttung des Erzes und dem Schmieden des Eisens bis zum Weben und Vernähen der Segel – vonnöten gewesen sein muß, um die ja von vornherein größtenteils zur Vernichtung bestimmten Fahrzeuge zu bauen und auszurüsten.«

Um sie später im Meer unter pulverisiertem Beschuss (oder im Eis, vielleicht aber auch aufgrund eines anderen Schiffs mit dem an den Bug gezimmerten Namen *Mary Rose*, *Judith* oder *Phoebe*) untergehen zu sehen.

Sie fragte ihn, ob er ein Glas Wasser wolle, und stellte eine Karaffe und zwei Gläser hin. Als sich das Wetter änderte und das Tal lichtete, begannen sie zu essen. Den Abschluss an der Universität zögerte er seit Jahren hinaus und würde bald dreißig werden, die Aussicht, erst mit dreißig das Studium abzuschließen, schreckte ihn ab. Nach dem Essen schoben sie die zwei Betten zusammen, bezogen die Decken und Kissen mit frischer Bettwäsche und schlossen alle Fenster. Sie legten sich wieder hin.

Ansicht eines Bildes: im Zimmer verteilte Ladekabel, der Apfelkuchen auf dem Tisch, sein T-Shirt mit dem Aufdruck zweier Drachen.

Wenn es dämmerte und Nacht wurde und keine Lichter zu sehen waren, keine Nachbarn, nur in der Ferne das Tal mit seinen Autos flimmerte, schien es ihr, als wäre der Sommer mit ihnen nicht wahr.

Das Dorf war dicht gebaut und von der Art, dass es anderen dieser Gegend glich, der Lokalverkehr bestand aus Touristen, Wanderern und stetig eilenden Transportautos, die nicht größer als ein Golfcart waren. Klein und schmal befuhren sie die engen Wege. Groß genug, um Lebensmittel auf- und abzuladen und Wäsche zu transportieren. In der Dorfmitte wurde der Weg breiter. Aufsteller aus Pappe priesen Produkte an, solche mit Lokalkolorit, warben vor den Läden mit

Salben aus Murmeltierfett. Auf dem Weg zum Lebensmittelgeschäft lief man an einem der hoteleigenen Tennisplätze vorüber und kam sogleich am Gondellift vorbei, der zum nächstgelegenen Gipfel fuhr und im Winter den Startpunkt der hiesigen Skirennen markierte. Hotels im Nach- oder Abbild vergangener Zeiten trugen Namen wie »Belvedere« oder »Alpenruhe«. Frau Kircher, die den kleinen Buchladen führte und Postkarten verkaufte, schloss Punkt neun Uhr auf. Als fände hier eine sentimentale Regung den angemessenen Ausdruck im Kauf einer Postkarte.

Seinem Vater wollte er zum Geburtstag eine Kelle schnitzen. Er suchte im Wald einen passenden Ast. Zwei Tage später saß er an der Feuerstelle vor dem Haus und blies mit der Glut seiner Zigarette eine Kuhle in ein Stück Holz, das er auf seiner Wanderung aufgelesen hatte. Es wurde ein Löffel und keine Kelle. Während sie oben am Fenster saß und las, rief er nach ihr, weil er im Holz einen Wurm entdeckt hatte. Er bat sie, ein Video von ihm zu machen, das die Herstellung des Löffels festhalten sollte, zur allgemeinen Erheiterung später, und sagte, der Wurm sei grün. Sie widersprach ihm und behauptete, er sei gelb.

Im Lebensmittelladen griff Seka sich einen Korb und kaufte zwei Packungen Kaffeekapseln, Milch, Toilettenpapier, Eier, Gemüse, Obst und Kekse. Sie packte ihren Rucksack und trat draußen einem Hund entgegen, der auf seinen Besitzer wartete, der drinnen noch vor den Regalen die Pouletschenkel in Farbe und Fettgehalt verglich. Sie band sich ihren Schal um den Hals, schnallte ihren Rucksack fester und hielt in der rechten Hand das Toilettenpapier, als kurz darauf die Regionalbahn in den kleinen Bahnhof einfuhr und Koffer auf den Dorfplatz rollten. Sie hörte Stimmen, sah, wie Handys gezückt und Fotos von den Bergen geschossen wurden. Es traten Touristen auf den Vorplatz und wiesen mit gestreckten Fingern zu den Gipfeln hinauf. Die Jungfrau zeigte sich. Der Mönch lag hinter dem Nebel. Auf dem Gletscher frischer Schnee. Mit dem Feldstecher hatten sie ihn abends ausgemacht. Das Eis, so las Seka in der Zeitung bei den Postkarten, hatte im Sommer sechs Verunglückte freigegeben. Die Entfernung, aus der sie zu den Bergen blickte, ließ den Gletscher klein werden.

Mit Sicht auf den Nebel spürte sie, dass sie verstehen musste, wer unter welchen Umständen welche Papiere gekriegt hatte und welche abgelehnt worden waren, nahezu so, als müsste sie sehen, warum ihr Vater in die Berge flüchtete und in den Wald ging, um sich zu beruhigen, wenn er davon ablenken wollte, wie es war, wenn man vergaß, mit jemandem zu sprechen, der einen verstand.

Sie schnitt Zwiebeln, glaubte sich mit der Vorbereitung des Abendessens beschäftigt, hörte, wie Dino Merlin in einem Interview mit Al Jazeera über seinen Haddsch sprach, seine Pilgerreise nach Mekka, die er kurz nach dem Krieg angetreten hatte, und sah in ihm ihren Vater, der es ihm gleichtun wollte. Als sie vom Laptop aufschaute, lag ihr Freund im Bett und machte im selben Moment ein Bild von ihr.

Sie erhob sich vom Stuhl, klappte den Laptop zu und legte sich ins Bett zu ihm, der sie mit einem Arm zu sich zog. Sie hatte die Zwiebeln auf dem Tisch liegen gelassen und sich mit dem Ärmel die Tränen weggewischt.

Bevor sie in die Berge gingen, hatten sie bei ihrer Mutter Halt gemacht und ein paar Tage am Fluss verbracht, sie waren in die Aare gestiegen, hatten sich treiben lassen. Auf der Wiese wurden Köpfe zusammengesteckt, hinter ihnen getuschelt. Eine Gruppe Mädchen zeigte mit dem Finger auf ihn, ehe am selben Tag Fremde bereits die ersten Bilder von seinem Rücken und dem Tattoo machten. Sie sah, wie er sich an der Schulter kratzte, den Kopf in die andere Richtung gewandt, als wäre er damit beschäftigt, in die Bäume zu blicken.

Der Himmel ist leer gefegt, es ist Winter.

In der Ferne hängt ein Strommast schräg im Bild. Vor einer Häuserfassade mit vier Balkonen mit rot-weiß gestreiften Jalousien stehen drei Kinder in dicken Winterjacken und Schneeoveralls. Sie halten sich an den Händen und werden von der Sonne geblendet. Im Schnee sind ihre Fußstapfen zu erkennen. Sie haben einen Schneemann gebaut, einen so großen, dass er das größte Kind um vier Köpfe überragt. Der Schneemann trägt einen Strohhut, eine Karotte als Nase, einen Tannenzapfen als Mund und einen beige-grün gestreiften Schal um den Hals. Zwei kleine Äste in den Seiten sind seine Arme. Neben den Kindern liegt eine weitere Schneekugel mit zwei Steinen als Augen und einem kleinen Ast als Nase. Auf ihr liegt ein Paar roter Handschuhe.

Heute saß sie auf Holzbänken, die toten Bergführern gedachten, und stand neben Schildern, die zu den nächsten Apartmenthäusern wiesen oder Skirouten ausschrieben. Mehrfach hatte sie sich gefragt, wie lange sie in die Berge flüchten wollte und ob sie dieses Verhalten für zukünftige unerwiderte Lieben beibehalten würde. Sie ging in die Wälder, stand auf

Feldern, auf Gipfeln im Nebel, lief in Wanderschuhen, die ihrer Mutter gehörten, den Hang hinunter und kehrte um, wenn der Wald zu dicht wurde, sah im Bus und in der Bahn die Blicke, von denen sie sich abwandte, trug das auf den Wegen Aufgelesene weiter in sich, statt davon abzulassen.

Er sei »von Schüssen durchsiebt« worden, las sie, wie hingerichtet.

Als der Vater ihres besten Freundes im Wald erschossen wurde, gingen sie gemeinsam zur Schule.

Sie brauchte keine Minute, um den Namen ausfindig zu machen.

»Blutüberströmte Leiche«, hieß es in der Zeitung. Sie gab den Namen des Dorfes, in dem sie aufgewachsen war, und »Mord« in das Suchfeld ein und erfuhr innerhalb von Sekunden, in welchem Jahr es geschehen war. Sie waren gerade mal sieben Jahre alt gewesen. Sein Leichnam wurde von einer Joggerin gefunden. Seka las, der Fall sei auch nach fünfzehn Jahren ungelöst, obschon der Kanton Bern vor wenigen Jahren die Ermittlungen neu aufgenommen hätte. In einem aufwendigen Verfahren seien über hundert Personen zum Fall befragt worden. Sie las den Namen, der unter der Fotografie des jungen Vaters stand, und war erstaunt, dass sein ganzer Name abgedruckt und sein Bild veröffentlicht worden war. Sie entnahm dem Artikel, dass *Aktenzeichen XY ... ungelöst* mehrfach über den Fall berichtet hatte, und las auch, die »Witwe mit Kind« sei in einen anderen Kanton gezogen.

Ethem war eines Tages weg und der Balkon im ersten Stock, auf dem seine Mutter die Wäsche aufgehängt hatte, leer geräumt. Die Zeitungen schrieben, dass der ermordete Mann und Familienvater viele Freunde gehabt hätte und die Personen aus dem Balkan stammten. Sie listeten seinen Fall neben anderen ungelösten Tötungsfällen auf.

Seka fragte ihre Mutter, die ihn nicht gekannt zu haben meinte, ob sie etwas davon wisse. Sie sagte, man habe gemunkelt, dass es um eine größere Geldsumme gegangen sei: »Spielschulden oder so.« Als Seka ihr sagte, man habe ein Bild in den Zeitungen abgedruckt, wollte sie es nicht sehen und wandte sich der Wäsche zu, die sie gerade faltete.

Im Winter bauten sie Schneemänner und steckten ihnen Rüben in den Kopf, drückten Steine auf den Bauch, die zu Knöpfen wurden, und banden ihnen einen Schal um den Hals. Seka fand einen Hut und setzte ihn einem Schneemann auf. Sie hörten den Schnee knirschen, stolz auf ihre Arbeit ließen sie sich ablichten. Seka stand neben Ethem und hielt seine Hand. Kurze Zeit später wurde sein Vater im Wald, wo sie zuvor gemeinsam Spaziergänge unternommen hatten, erschossen. Seine Mutter zog mit ihm weg. Geblieben war ein Bild von ihnen, auf dem sie dick eingepackt in ihrer Winterkleidung vor den Schneemännern standen.

Margeriten blühen im Gras.

Ein weiteres Bild.

Es ist Frühling, vor den Gleisen eine Schaukel aus Metall. Zu sehen sind Elma, Selma, Seka und Ethem. Zwei kleine Haarspangen in den Farben Rosa und Blau. Alle tragen sie weiße Schuhe mit Klettverschluss. Ethem schaut zu Seka und hat seine Zunge zur Nase gestreckt, trägt diese große Brille. Würde er sich zur Kamera drehen, sähe man sein Pflaster auf dem Auge.

Das Pflaster ragte damals weit über die Ränder der dickglasigen Brille hinaus.

Der Säbel in der Garage ihres Vaters, der bei den Werkzeugen hing und ein Fundstück aus dem Wald war, das er aufgelesen und mitgenommen und in seinem Werkraum als Dekoration neben Hammer, Säge, Schlüssel und Putzkanistern aufgehängt hatte, blieb ihr als Kind eng mit dem Ereignis, das sich auf die ganze Nachbarschaft auswirkte, verknüpft. Nicht unweit der Siedlung, die eine Enklave bildete, in der sie bei ihren Freunden ein und aus ging, stand eines Morgens die Polizei vor der Haustür.

Was sie heute sah:

Ethems Bilder von seiner Hochzeit, traditionalistisch auch er.

Dragans Profil, Fotos und Videos, in denen er noch genauso aussah wie früher, jedoch über seine Suizidversuche und neu gewonnene Lebenskraft sprach. Er versuchte sich als »motivational speaker«, war auf seine Gehhilfe angewiesen geblieben und hatte nun einen Zürcher Akzent.

Dragan zog schon als Kind seine Beine hinter sich her und beklebte seine Gehhilfe mit Stickern seiner Lieblingsfußballer, rannte er über den Innenhof, klapperte es metallisch. Seine Mutter sagte, die Ärzte hätten bei seiner Geburt gepfuscht.

Deswegen könne er nicht gehen und seine Beine nicht strecken, und deswegen werde er so oft operiert.

Gemeinsam fuhren sie in tiefergelegten Autos durch amerikanische Großstädte und erschossen Männer in Hosen, die ihnen um die Knie schaukelten, saßen so Stunden vor dem Bildschirm und wählten zwischen Macheten und Kalaschnikows.

Die Bilder von seiner Schwester Dragana, mit der sie früher *Sims* in das Laufwerk geschoben hatte und die sie heute kaum wiedererkannte.

So auch: der tätowierte kosovarische Adler auf Selmas Nacken und Maras zum Verkauf angebotene gebrauchte Handyhüllen und Motorräder auf Facebook.

Sie lief an Häusern vorbei, die sie nie wieder hatte sehen wollen, ihr war, als zeige sich in der Haltung des Körpers eine Enttäuschung vom Versprechen der Schweiz. Als eines Abends warmer Regen fiel, fühlte sie sich, als wäre sie nie weg gewesen. Sie sah die Schweizer Leben, ihre Vorgärten, all jene Orte, die gezeichnet waren von der Angst, von ihrem Vater gefunden zu werden, seiner Einsamkeit für immer verpflichtet zu sein. Als sie an einer Ampel stand, spürte sie, wie sie die letzten Jahre nicht gelebt hatte, stand sie doch am selben Ort wie Jahre zuvor. Man sah ihr das andere Leben, zu dem sie fähig war, nicht an.

Was von der Liebe übrig geblieben war, zerfiel in ein stechendes Gefühl, das sich abends von Schlaflosigkeit nährte. Sie glaubte, sie würde nie wieder diese Zuneigung erfahren, wie sie sie einmal gespürt hatte. Die Hände auf dem Haar, den gelegentlichen Kuss im Nacken, die Wärmflasche oder die Tasse Tee bei Bauchschmerzen. Die Erfahrung splitterte in eine Erinnerung, die anfänglich profane Worte wie »charmant«, »Wohnung« und »damals« hinter sich ließ und stattdessen zu Gefühlen wanderte, die anfingen zu trügen. Was von der Liebe noch geblieben war, waren ein deutsches Bankkonto und eine Haftpflichtversicherung.

Lange Zeit teilten sie sich den Innenhof, die Stadt, das Bett, hatten das Gespräch gesucht, hatten Umwege eingeschlagen, um länger beieinander zu sein, taten dieses, jenes, wie andere auch. Sie hatte ihn zu einem Zeitpunkt kennengelernt, als er sentimentalen Beschäftigungen nachging und in bestimmten Büchern Dinge fand, von denen er meinte, sie würden ihm etwas bedeuten. Er stach sich davon abgeleitete Zeichen unter die Haut (*Fin de partie*). Nachts lagen sie auf einer faltbaren Matratze, einem zwanzig Zentimeter hohen Schaumstoff mit zwei großen Lücken, in die sie ständig rutschten. Er hatte es nicht eingesehen, Geld für eine richtige Matratze auszugeben. Die Wohnung war ohnehin sehr klein, sodass ein Bett viel zu viel Platz eingenommen hätte. Die Bettdecke und das Kissen faltete er jeden Morgen und verstaute sie im Regal, das er sich auf ihr Anraten hin zugelegt hatte, da sie es nicht länger mit ansehen konnte, wie unordentlich sein Zimmer war. Er könne seine Sachen nicht länger in Obstkisten aufbewahren.

Seka sank in ihren Stuhl zurück.

Es war bereits später Nachmittag. Der Teppichboden begann, mit dem Einfall der Sonne kurz nach 16 Uhr zu riechen. Sie saß in Zürich im Kunsthistorischen Institut unter dem Dach und überlegte, ob sie schwimmen gehen sollte. Sie sah an ihren Beinen hinunter, die durch das viele Liegen am Wasser braun geworden waren.

Sie hatte gelesen, Russland sichere Serbien im Falle kriegerischer Auseinandersetzungen, anlässlich einer Drohung des bosnisch-serbischen Premierministers, militärische Unterstützung zu. Daraufhin hatte sie ihre Mutter angerufen und gefragt, was das heißen solle, ob jetzt ein weiterer Krieg beginne, woraufhin ihre Mutter lachte und trocken zur Antwort gab: »Ach Kind, die reden doch schon seit zwanzig Jahren so.«

Der Wind trug heiße Luft und den Geruch der Nadeln des Pinienbaums ins Zimmer. Wann immer sie die Treppen hochstieg und die Tür zur Bibliothek öffnete und durch das Fenster den Baum sah, wie er immer noch an Ort und Stelle stand, glaubte sie, gleich einschlafen zu können, sei es auch nur aus dem Grund, da sie hier für kurze Zeit Ruhe fand. Sie saß in einem Raum, wo sie Bildbände von Vallotton, Bonnard oder Vivian Suter umgaben, denen sie früher und unter anderen Umständen vielleicht etwas abgewonnen hätte, die ihren Reiz jedoch verloren hatten. Sie streckte den Rücken und stand schließlich auf, suchte die Bücher heraus, für die sie eigentlich gekommen war, im unteren Stockwerk mit der grellen Deckenbeleuchtung, die jede Eitelkeit zunichtemachte. Sie kurbelte am Regal, ging bis zur Regalmitte und bückte sich zu Boden, wo das Buch, entgegen dem Eintrag im Online-Katalog, nicht war. Sie zog Buch für Buch aus dem Regal und öffnete die Einbände, um zu schauen, ob es nicht vielleicht falsch einsortiert war, und kam nach eiligem Suchen entnervt zum Schluss, dass es tatsächlich nicht da war, ging weiter durch die Bibliothek, durchquerte die naturhistorische wie auch die sinologische Abteilung, wo sie vor dem Büro der Bibliothekarin stehen blieb und an die gläserne Tür klopfte. Die Bibliothekarin entschuldigte sich mit einer Gabel im Mund, aß einen Salat.

An den Wänden hingen Fotografien von Kathedralen mit der Aufschrift »Revolte der Gotik« und »Welt der Romantik«, gelb angelaufene Drucke. Sie ging ein paar Schritte bis zu dem ledernen Sofa, wo ihr der Ventilator Abkühlung verschaffte, und legte sich hin. Als sich jemand von einem der vielen Tische erhob und der Boden unter seinen Füßen knarrte, erinnerte sie sich daran, ihre Tasche zu holen.

Sie prüfte online noch einmal die Nummer des Bandes, den sie vorhin gesucht hatte, und war sich sicher, dass jemand ihn genommen hatte, ohne ihn auszuleihen. Vielleicht saß die Person damit an einem der Tische. Sie ging auf Toilette und erinnerte sich, dass sie noch zwei weitere Bücher ausleihen wollte, wenige Minuten später zückte sie ihre Ausleihkarte beim Automaten und packte die Bücher in die Tasche, draußen wartete der Wind auf sie. Er löste ihr das Hemd von der Haut.

Hatte sie die Sonnencreme dabei?

Am Ufer des Strandbades lag Seka unter anderen Frauen in der Sonne und las in einem der ausgeliehenen Bücher: »Wer Frauen verteidigt, sollte auch mehrere von ihnen haben dürfen.« Drei Ziele habe Azam, Teilzeit-Talib und Protagonist des Buches: »Als Erstes befreien wir Afghanistan. Dann führen wir die Scharia ein. Und dann das Stammesrecht.«

Bei den Familientreffen, an denen sie nicht mehr teilnahm, weil sie nicht wusste, worüber sie schweigen sollte, saß ein wahhabischer Imam am Tisch, der von seiner Frau begleitet wurde, wohl ein Bruder des angeheirateten Mannes ihrer Tante. Dieser sei mit seinem Fundamentalistenbart zwar ein

»komischer Typ«, aber im Grunde harmlos, erklärte man ihr. Ihre Tante sagte, man sehe ihm noch an, dass er früher mal ein attraktiver Mann gewesen sei, so überlegt mit seinen Worten. Kurz vor Ausbruch des Krieges hatte er als Türsteher im nationalistischen Untergrund gearbeitet (»Was sei der nationalistische Untergrund damals schon anderes gewesen als ein paar schlecht durchlüftete Räume?«) und war nach Kriegsende 1995 weitergezogen, als er in Sarajevo um ein Haar von einem Sniper erschossen worden war. Heute wohnte er in La Chaux-de-Fonds, einer Uhrenstadt in der französischsprachigen Westschweiz, ging in der Moschee regelmäßig ein und aus und überzeugte seine Frau, weder Gesicht noch Haar zu zeigen.

Die Männer, so sagte ihre Tante, hätten den Glauben erst für sich entdeckt, als sie in die Schweiz gekommen wären, eine befristete Aufenthaltsbewilligung erhalten und sich auf dem Arbeitslosenamt wiedergefunden hätten. Dieselben, die vor ein paar Jahrzehnten in engen Jeans vor Diskotheken auf und ab gingen und sich die Haare hinters Ohr strichen, sprachen sich für die Unterordnung der Frau aus, sahen deren Pflichten in der Verrichtung der häuslichen Arbeit, der Geburt der Kinder und hielten Homosexualität für ein Verbrechen. Eltern, die ihren Kindern erlaubten, homosexuell zu werden, würden büßen müssen. Die anfängliche Furcht vor dem Gewand und Bart sei verschwunden, je öfter sie den Imam gesehen habe, hörte sie ihre Tante sagen, schließlich sei er – und das müsse man auch sehen – der Onkel ihrer Kinder. Mittlerweile habe sie sich daran gewöhnt, an ihn, seine Kleidung und daran, dass seine Frau den Stoff nur von ihrem Gesicht hebe, wenn sie den Kaffee an den Mund führe.

Auf dem Floß schielte Seka zum anderen Ufer hinüber. Manche Kinder, die das Floß zum Wanken brachten, nahmen ein paar Schritte Anlauf und stürzten sich ins Wasser. Die Bewegung ließ die Tonnen gluckern, auf denen die Bretter befestigt waren, und verschob den Ausschnitt, den sie liegend wahrnehmen konnte. Einer hatte Seetang gefangen und schleuderte ihn umher. Eine nahm die Entfernung zum Ufer als Anlass, ihrer Freundin zu sagen: »Er steht auf dich.« »Wer?« »Na wer schon?« Dann beobachtete sie den Fleck, den ihr nasser Körper auf dem Holz hinterließ. »Meinst du wirklich?« Es war Sommer, ein heißer Tag. Das Mädchen hatte es eilig, als sie ins Wasser sprang. Es waren zwei nasse Kreise, derer sie sich schämte, weil es ihr Hintern war, der sie hinterlassen hatte.

Später unter sich: Spuren der Mastektomien, Brüste mit vollständig entfernter Brustwarze, andere stark aufgerichtet, kuppelartig mit wieder verheilten Narben am unteren Ansatz der Brust, vom früheren Einschnitt für das Einführen der Silikone.

Eine weitere Protagonistin desselben Buches war bei einer Tankstelle von einem Lastwagenfahrer hinter der Toilette zu Boden gedrängt worden. Seka las, wie sie vergewaltigt wurde, und erinnerte sich, wie sie als Kind auf den Autobahnraststätten die Automaten genauer in Augenschein nahm, aus denen Kondome und Sexspielzeuge wie Zigaretten verkauft wurden. Sie setzte sich auf und zog die Knie an ihr Kinn, sodass ihr Bauch Falten machte, und schirmte mit der Hand ihre Augen vor der Sonne ab, die ihr zu Kopf stieg.

Zwischen den Holzdielen trieb Seetang im Wasser.

Auf der Haut sammelte sich der Schweiß, der an der weißen Sonnencreme abperlte und zu einem kleinen Strom rann, der seitlich ihres Bauches zu Boden tropfte. Sie überlegte, ob sie noch einmal ins Wasser springen sollte. Kopfüber und mit gestreckten Armen. Sie legte sich auf den Bauch und hörte das laute Kreischen der Kinder, die gerade aus dem Wasser aufgetaucht waren. Sie schloss die Augen, glaubte für einen kurzen Moment, am Meer zu liegen, und sah das sogenannte More, das sie als Kind nach stundenlanger Autofahrt herbeigesehnt hatte, vor sich.

Vor ihr schaukelten die Bojen im Sturm.

Meer, wie es früher einmal war, gab es schon lange nicht mehr. In Köpfen wie ihrem war Meer lange Zeit Sehnsucht, eine Reise wert, Ort der Unterwasserdokumentationen, Ort der Haie, der Krebse, Ort der Ferien und des Eises, das auf den Boden tropfte. Meer, das waren Zwischenhalte in Italien, waren ihre Fragen als Kind, wann sie denn endlich ankommen oder im Autogrill ein Eis essen würden. Meer? Womöglich Kindlichkeit, bis heute andauerndes quengelndes Benehmen, *ton français, mon chéri.*

Meer, das waren die klackernden Schuhe ihrer Tante, die einmal mitgekommen war und ein Zimmer über ihnen bezogen hatte und sich in einem Streit mit ihrem Vater überwarf, ihm war sie immer schon suspekt, wohl weil sie frei war, Dinge zu tun, wie sie wollte. Meer, das war ihr Doppelbett, der Geruch von Chlor, der vom Abfluss des Waschbeckens aufstieg, der kleine Balkon einer kleinen Pension mit Blick auf den Strand. Meer war der Halbschatten, in dem sie saß und mit niemandem reden wollte, weil sie eingeschnappt war. Meer war ihr kleiner Malkasten, den sie dabeihatte, war der Fisch auf dem Teller im Restaurant, sie in T-Shirt und Badehose gekleidet, weil man gerade noch schwimmen war. Meer war ein kleines stures Mädchen, das sich in Träumen verfing.

»No Shirt – No Service«

Sie legte den Kern des Pfirsichs neben ihren Fuß, der zur Hälfte im Schatten lag. Eine Frau bot ihr Schokolade an, die sei ihr zu bitter. Seka nahm das Stück, bereits etwas geschmolzen, und bot der Frau an, ihre leere Tasse Kaffee zurückzubringen, zog sich ein Oberteil an, stand kurz darauf in der Schlange, um die Tasse abzugeben und sich selbst einen Kaffee zu holen. Das Glas der Theke, in der verschiedene Salate lagen, spiegelte ihren wie auch die Körper der anderen.

Sie würde bis »in die frühen Morgenstunden umherirren, wegen ihr wären die Bars geöffnet, die Frauen würden von selbst zu ihr kommen. Wäre sie ein Mann, sie wäre ohne Fehler.«

Sie fand sich zurecht mithilfe der Sonne und der Beine, die auf dem Holz lagen, des Wassers, in das sie eintauchte, und der bosnischen Lieder, die sie hörte.

»Eh, da sam muško, bila bih bez mane.« – Wäre ich ein Mann, ich wäre ohne Fehler. (Seka Aleksić, 2002)

Ansicht dieser Safariprints auf den Kleidern, dieser Nägel, tätowierten Tribals auf den Oberarmen, wohl in Bewunderung, nach wie vor.

Sie legte ihre Arme auf das Geländer am Ufer, spürte den Schweiß in den Kniekehlen und auf der Stirn, biss herzhaft in eine weitere Frucht, spürte förmlich, wie der Pfirsich dem Druck der Schneidezähne nachgab, und fragte für üblich ihre Mutter nach ihrem Tag, ihrer Laune, nach den Dingen, die sie erledigen musste, und wartete darauf zu hören, als der Anruf durchgestellt wurde, dass sie noch lebte.

Name, Vorname, Adresse, Steuernummer, das Protokoll beim Arzt, die vage Ahnung, wo die Eltern herkamen, wie sie gelebt hatten und, wichtiger, an welchen Krankheiten sie gestorben waren.

Als sie von ihrem Buch aufblickte und das Wasser um sich sah, glaubte sie, dass das, was den Leuten selbstverständlich war, ihnen mitgegeben wurde und zu einer guten Art, zu leben, dazugehörte, dem Leben der eigenen Familie um Lichtjahre voraus war. Europäische Universitäten, in denen sie sich in den letzten Jahren zu bewegen begonnen hatte, waren Orte, die man durch einen Ungehorsam und eine Infragestellung jeder epistemischen Autorität stören müsste, was wiederum in irgendeiner Art heißen würde, in der Universität gegen die Universität zu arbeiten, wäre also eine Angelegenheit, die über die bloße Frage der Archive hinausginge.

Indes: die Beziehungen, die Ausflüge, der Stand, die Orte, die Art, mit der sich die Menschen in Räumen der Hochkultur, über die ein Professor so eingenommen sprach, bewegten und mit der sie über Institutionen wie Archive oder Bibliotheken verfügten, die Frage, wie sie liebten und wen.

Später, anderswo, an der Hand ein kleiner Ehering.

Ein weiteres Bild.

Das Kleinkind, das erst kürzlich zur Welt kam, liegt auf seiner Brust. Es schläft, hat einen Schnuller im Mund. Ihr Vater trägt ein Hemd, das er bis zum Hals zugeknöpft hat, an der Hand eine Armbanduhr, in der unteren Bildhälfte sieht man das Silber einer Gürtelschnalle.

Wie ähnlich sie ihrem Vater doch sah.

Als sie ihre Mutter nicht erreichen konnte, fuhr sie nach Bern, um sich zu vergewissern, dass sie noch lebte.

Sie gingen gemeinsam ins nächste Schwimmbad. Sie bat ihre Mutter, ihr Kraulen zu beobachten, sie solle schauen, wie sie atme, ob das richtig sei, was sie da tue. Ihre Mutter erzählte, sie habe am vorigen Tag ihren Bruder, Sekas Onkel, besucht. Er hatte Geburtstag und eingeladen, und sie, so sagte sie, habe jetzt die Pflichten für die nächsten vier Jahre erfüllt:

»Nie wieder!«

Sie schüttelte den Kopf. »Diese Welt, also ehrlich.« Immer wieder käme sie zum selben Schluss. Sie habe sich so geschämt. »Wofür denn?« Für die Leute. »Dass sie's nicht besser wissen«, sagte sie, »und nicht besser haben!« »Warum denn?«, fragte Seka. »So ungebildet!«, rief ihre Mutter. Man rede über Schicksale, über Unfälle mit dem Motorrad, als wäre es in Gottes Hand, mit solch Fehlschlägen umzugehen. Man rauche noch in Anwesenheit der Kinder, und die Männer stünden in der Autowerkstatt, während die Frauen über die anstehenden Hochzeiten schwatzten und über das Aussehen der »Einen« letztes Jahr redeten.

Hatte sie jemals eine Ansicht vertreten, die nicht diejenige ihrer Mutter war?

»Es ist der Akzent«, sagte ihre Mutter, die sich an den Beckenrand setzte, die Schuhe auszog und das Handtuch ausbreitete, nachdem sie sich ein wenig beruhigt hatte, »dieses

Gemisch aus Bosnisch und falschem Schweizerdeutsch.« Man habe ihn *beratenla*, man habe etwas *vergesenla*. »To je meni am wichtigsten«, habe Majka vor ein paar Tagen noch am Telefon gesagt. Sie lachten.

Wie sie beide auf ihren Tüchern in der Sonne lagen, schloss Seka für einen kurzen Moment die Augen und hörte, wie das Wasser um sie herum lauter wurde. Als sie ihre Schwimmbrille in der Tasche suchte, kam dieser plötzliche Zweifel, ob eine dieser Frauen jemals einen Fuß in ein Klassenzimmer gesetzt hatte, geschweige denn ganze neun Jahre lang.

Früher waren sie nachts ans Meer gefahren, wenn die Grenzwächter williger waren, einen direkt durchzuwinken. Für üblich kamen sie immer bei Tagesanbruch an. Damals hatte sie »More!« geschrien, kurz nach Slowenien, sobald sie das Blau sah, das Meer von weitem, ein Feld blauer Farbe. Die bosnische Sprache hatte sich nach diesen Stunden im Auto auf diese vier Buchstaben zugespitzt, mit ihnen fanden die Stunden ihr Ende, mit dem kleinen Feld blauer Farbe, das immer größer wurde und einen neben der Autobahn begleitete, das More. Die ganze Fahrt hatte auf diesen Moment hingeführt. Und hier schien auch die Erde ganz anders, viel trockener, steiniger, trockene Wälder, nein, keine Wälder mehr, sondern Büsche im kargen Fels. Die Erde rot. Sie saß hinten auf ihrem Platz und hörte, dass es noch ein Weilchen dauern würde: »Još dva sata.« – Noch zwei Stunden.

Was noch?

Kleine Dinge, unwesentlich.

In den Wohnungen des Berner Oberlandes wurde jedes Stück freie Oberfläche mit Häkelarbeiten überworfen. Die Länge der Gardinen reichte für die Fenster nicht aus, sie waren stets etwas zu kurz.

Amirs Mutter, Elmira, sei in der Schweiz ein Dienstmädchen gewesen, eine Servicekraft in der Hotellerie und Gastronomie. Amirs Vater hieß Refik, er sei gelernter Feuerwehrmann und habe in Rijeka in einer Sägerei gearbeitet. Beide seien schwere Raucher. Sekas Mutter sagte, bei den Balkanmännern sei das Trinken wie Milch, Alkohol gehöre zur Grundnahrung.

Diese falsche Verwendung von Redewendungen: Milch statt Wasser.

In der Tram wahrgenommene Schulterblicke.

Der Kauf erster Schwimmflossen.

Derweil andere Beschäftigungen, letztlich auch nicht überraschend, manche sagten sogar vorhersehbar: An der Universität gestand ein Dozent seiner Studentin bei einem Kaffee seine Gefühle und zog seine Aussage zwei Tage später zurück, als er merkte, dass sie nicht bereit war, mit ihm eine Affäre einzugehen.

Sein Mundwinkel hatte zu zittern begonnen, als er ihr sagte, wie er fühlte. Als sie sich erneut trafen, legte er den Sachverhalt so aus, als wäre er der Verantwortungsbewusste und sie die schwärmende Studentin. Dass weder das eine noch das andere stimmte, sie von seiner Aussage überrumpelt worden war und nicht damit gerechnet hatte und sich im Nachhinein fragte, ob ihre Noten mit seiner Schwärmerei in Zusammenhang standen, hielt er für nicht weiter wichtig. In der nächsten Lehrveranstaltung tat er, als wäre alles wie bisher. Die Studentinnen saßen weiterhin im Seminar, als wäre nichts geschehen. Sie lasen weiterhin die Texte, nickten manchmal zustimmend, meldeten sich zu Wort, sobald ein Stichwort genannt wurde, zu dem sie etwas sagen konnten. Es schien Seka, als ob ihr Dozent sein ganzes Leben lang darauf gewartet hatte, sich in eine Studentin zu verlieben. Es schien ihr, als hätte er zu viel Philip Roth gelesen.

Er las ihnen aus *Madame Bovary* vor und wählte gezielt Stellen aus, in denen ein Liebesgeständnis verlautbart wurde.

Als Madame Bovary mit dem Landadligen Rodolphe Boulanger durchbrennen wollte, ließ er sie fallen: Er wollte nur eine Affäre, keine romantische Liebesgeschichte.

All die Bücher, in denen stand: »Die Frau spielte mit ihren Haaren.« Im Grunde aber löste sie Knoten, weil sie die Haare nicht gebürstet hatte.

Immer dieses Weinen.

Die Tränen flossen die Wangen hinab und sammelten sich an den Wimpern, am Saum des Pullovers, wurden mehr, ohne Einfluss darauf, wie viel und warum. Sie schnitten sich einen Weg am Hals entlang zum blauen Kittel. Die Pflegerin hob das Glas an Sekas Mund. Ihr Oberkörper war nun nach vorn gelehnt, und ihre Unterlippe suchte das Glas. Sie schluckte. Die Pflegerin verschwand aus dem Zimmer und holte Traubenzucker.

Seka las Bücher, allen voran diejenigen von Anne Carson über Ehemänner, Anthropologen und andere Verbrecher, hob sie den Kopf, sah sie allerlei, die Tram, Räume vielerorts, Decken der Schwimmbäder, ihr eigenes Zimmer, und hörte bei den Fahrradständern unweit des Bades die Frage, ob sie Feuer habe.

Die Ärztin sagte, sie solle noch einen Schluck Wasser nehmen. Um sich zu beruhigen, konzentrierte Seka sich auf ein kleines Fläschchen mit blauem Deckel, gefüllt mit einer durchsichtigen Lösung, die, nachdem ihr der Verband um den Körper gewickelt worden war, rot wurde. Ihr Inhalt: Schnitte eines Tumors. Scheibe für Scheibe mit einer langen Nadel aus der Brust manövriert.

Der Traubenzucker war kalt, wahrscheinlich wurde er im Kühlschrank gelagert, eine Sache, über die sich in Räumen wie diesem lange nachdenken ließ. Die Handschuhe der vielen Hände um sie herum waren blau, das Rattern des Vakuums laut. Die Ratschläge der Oberärztin, die den Eingriff beaufsichtigte, hießen »Noch einen Zentimeter weiter vor« und »Noch ein Stück«.

»Etwas mehr.«

Ein blonder Haarschopf.

»Die Nadel drehen. Jetzt saugen.«

Eine andere Ärztin führte mit einer Ultraschallsonde die Nadel. Während sie sprachen, mied Seka den Blick zum Monitor und auch den zur Brust. Sie sagten, sie solle die Schultern entspannen und den Arm hinter dem Kopf hervornehmen, weil er sonst einschlafen würde. Als Seka nickte und glaubte, den Arm runtergenommen zu haben, wiederholten sie die Bitte. Sie sah hoch und merkte, wie fest ihre Hand noch die Kopflehne umklammerte. Langsam löste sie den Griff, strengte sich an, etwas in Bewegung zu setzen, was mit ihr allem Anschein nach nicht mehr in Verbindung stand. Sie suchte einen Gegenstand, auf den sie ihren Blick richten konnte.

Die Ärztin fragte sie nach ihrem Studium. Dankbar, in ihr Gesicht blicken zu können, statt auf die Tücher und Geräte sehen zu müssen, antwortete sie ihr ausführlicher als erwartet, sie nannte den Nationalpark im Engadin, sprach vom Bergbau, über die Blei- und Silbergewinnung in Graubünden und von einer Bärenausstellung mit einem ausgestopften Bären, von seiner Größe, kaum vorstellbar, nahezu doppelt so groß wie sie. Kam über Umwege auf Paul und Fritz Sarasin zu sprechen, zwei Basler Zoologen, die um die Jahrhundertwende eine Expedition nach Java unternommen und auf Celebes (heute Sulawesi) die Eroberung der Insel durch die niederländische Kolonialmacht vorbereitet hatten und in Europa später Pioniere der »Rassenkunde« werden sollten sowie in der Schweiz den ersten Nationalpark begründen würden. Verlor sich irgendwann in der Gleichzeitigkeit der Tannen im Engadin und der in Basler Archiven liegenden Vögel und Schädelsammlungen, Sarasins Vorlieben für Knaben und Männer und den über hundert Jahre später in den Vorlesungen geäußerten Allgemeinplätzen: Auf ihren Forschungsreisen hätten sie keine Gebeine entnommen, sondern Gräber geschändet. Nein, nein, vieles mehr, wollte sie sagen, weitaus schlimmer.

Während erste Bildungsbürger englischer Alpenclubs die Berge bewanderten, trugen die Sarasins auf ihren Reisen und Expeditionen das in die Welt hinaus, was Historikerinnen später »denial of coevalness« nennen würden, wonach die Gleichzeitigkeit und Gleichwertigkeit der Lebensformen zugunsten der Idee einer *zivilisatorischen* Stufenleiter über Bord geworfen wurde.

Sie glaubten bei ihrer Ankunft, in die Vergangenheit zu sehen.

»Jetzt drehen!«, sagte die Ärztin und meinte die Nadel in Sekas Brust. Als das Vakuum aufhörte zu pumpen, hielt man ihr zehn Minuten lang einen Wattebausch auf die Einstichstelle. Die Pflegerin hatte warme Hände, trug blauen Kajal um ihre Augen. Sie fanden schnell in Gespräche, die sie genauso schnell wieder versiegen ließen. Seka war zu müde, um weiterzusprechen, und konzentrierte sich stattdessen auf die warmen Hände. Wie warm Leben doch sein konnte. Nachdem sie ein Pflaster auf den kleinen Schnitt geklebt hatten, drückten sie ihr die Brüste mit einem Druckverband zusammen.

»Damit der Bluterguss nicht größer wird.«

Als schiebe sich der Körper bei den Forschungen immer irgendwo dazwischen, als werde man ihn nie wirklich los.

Sie solle nicht duschen die nächsten Tage, auch nicht Auto fahren. Als Seka merkte, dass sie keinen Büstenhalter zu tragen brauchte, begann sie zu lachen. Viel zu laut und lange. Als sie hinter dem Vorhang in den Spiegel blickte und sich ankleidete, sah sie, wie rot und kaputt sie im Grunde war.

»Erröten«

Jedes zweite Wort errötete jemand in Tolstojs *Anna Karenina*.

Mal war es die Scham, mal die Anstrengung, die seinen Figuren die Röte ins Gesicht trieb, insbesondere dann, wenn sie meinten, man würde ihnen ansehen, was sie dachten.

Seka aß in derselben Cafeteria zu Mittag wie Militäroffiziere, die im schweizerischen Staatswesen ausgebildet wurden und

die 1984 in Jugoslawien auf Initiative eines Zürcher Militär-
dozenten in Zagreb Ideen zu einer Guerillaarmee austausch-
ten, für den Fall der Fälle, dass der Kalte Krieg ausbrach und
die Schweiz einen blockfreien Partner bräuchte. Sie betreute
ihre Veranstaltungen, korrigierte ihre Examen. An der Universität trugen sie Zivilkleidung, karierte Hemden, selbst
im Sommer lange Hosen, und schrieben ihr E-Mails, in denen sie erklärten, weshalb sie für eine Abgabe um Aufschub
bitten müssten. Ein Stockwerk tiefer wurde ein Vortrag über
die Arabischen Emirate gehalten, im Zimmer nebenan über
die Schweizer Rüstungspolitik referiert.

Wie lange pflegt die Hisbollah im Libanon nun schon ihre
Beziehungen zum Iran?

Welche Männer sind dort im Kader?

Wäre es möglich, den Essay auch vorher abzugeben?

Man müsse Militärdienst leisten.

Was er denn so schätze am Militär, fragte Seka. Den Zusam-
menhalt in der Gruppe, die Gemeinschaft, das Soziale, sagte er.

In seiner Art zuvorkommend, wie er ihr aufmerksam zuhörte, die Augen zusammenkniff, als strenge er sich an, begriff
sie, dass sie über seine Frist entschied.

Womöglich bestand dieses Relikt der Aufklärung, wonach
Dinge zu verstehen seit ein paar Jahrhunderten je nach Ort,
Ernst und finanziellen Möglichkeiten hieß, Distanz zum Ge-

genstand einzunehmen, in irgendeiner Weise fort; womöglich blieb man nach wie vor demselben genuin potenten »Ich« verpflichtet, das erlaubte, weiter aus der Warte desjenigen zu denken, der das Weite suchte.

Als habe man, damit die eine Sache klar ist, alles andere verdunkelt oder geschwärzt.

Den Gipfel bestiegen, um Aussicht zu erhaschen, den Überblick gesucht, Münzen geprägt, Schiffe gefahren oder auch Menschen versklavt.

Der Lift auf Stock C hielt beim Departement für »Cyber Security«. Man würde jahrelange Leugnung betreiben, die erst erlaubte, die eigene Erfahrung zu übertönen, um Geltung anderswo zu erhalten. So etwa in der Universität. Bei Dozent A, Professor B.

Sie solle ein Buch über sinnliches Schreiben lesen.

Die Empfehlung einer Kaffeebekanntschaft, die mit ihr über einen frisch gekauften Lauch ins Gespräch gekommen war, der ihr aus der Tasche ragte – Vater dreier Kinder, frisch geschieden und Besitzer eines Grundstücks in Thailand, der über den Lauch sagte, wie malerisch dieser sei.

Sie las später in der Zeitung einer Schule, an der er unterrichtete, wie er in der Rubrik der neuen Lehrer auf die seltsam beschaffene Frage, was er an Frauen schätze, »ihre Schönheit« antwortete, und war erstaunt über diese einfache Auslegung der Dinge.

Das Wasser war rau, der Wellengang hoch. Seka stand am See auf dem Steg. Die Schiffe luden die Passagiere ab und wieder auf. Bis auf ein paar Hunde mit ihren Besitzern, die hinter ihr im Park ihre täglichen Spaziergänge verrichteten, war hier niemand. Ein Floß, das keine hundert Meter vom Ufer lag, schaukelte alleine hin und her.

Sie nahm, aus ihr heute wie damals nicht weiter erklärlichen Gründen, die Einladung der Kaffeebekanntschaft an, ihn in das Atelier eines Freundes zu begleiten, und war schließlich ratlos, als sie zwischen den Leinwänden stand.

Die dargestellten Motive: Frauen, unzählige, in befangensten Winkeln dargeboten, schoßabwärts, schoßaufwärts, nackt und halsbrecherisch auf allen vieren, mal mit angezogenen Knien, mal mit hochgerecktem Rücken, breitbeinig, rote Farbe im Gesicht, so auffällig jugendlich.

»Schwimmregeln«

Sie nahm sich vor, öfter an den See zu kommen.

»Keine Badeaufsicht«

Gleich am selben Nachmittag noch mal. Das Wasser war laut, es schlug gegen die Stahlrohre und Gitter. Es war nicht blau, sondern nahezu schwarz. In der Ferne konnte sie ein Segelschiff ausmachen. Ein Fernrohr stand zu ihrer Rechten. Ihre Hosenbeine waren hochgekrempelt, ihr Gesicht dem Glühen nach rot.

Kilometer?

2,4.

Sie spürte, wie sich ihr Unterleib verkrampfte. Sie würde ihre Tage kriegen. Sie glaubte, zu wenig Sauerstoff im Blut zu haben, um den Lauf zu beenden. Sie brach ihn ab, schnürte stattdessen die Schnürsenkel ihrer Schuhe.

Zu einem späteren Zeitpunkt, nachdem sie das Buch tatsächlich im Internet runtergeladen hatte, las sie Folgendes: »Schlaflos vor Eifersucht erwägt sie alle möglichen Pläne, sogar die List einer gemeinsamen Pilgerreise mit ihrem Ehemann, um den Geliebten wiederzusehen«, und wurde vom bibliophilen Autor dankbar darauf hingewiesen, erotische Literatur sei im Grunde Frauensache.

»And then I met a man who told me about the pilgrimage to Compostela.« (Unverhoffte Übereinkünfte in *The Anthropology of Water* von Anne Carson.)

Seien es ihre Gewissheit, ihre Arbeit, ihr Haus, ihre Wohnung, ihre Vorliebe, ihr Arbeitsweg oder ihre Forschungsgegenstände, selbst ihre Beziehung zu den Menschen wie auch der Kaffee, welche die Professoren aus dem Automaten zogen; auf der Grundlage einer Sicherheit, sei es Europa, sei es die Rechtschreibung, die Sprache, sei es die Art und Weise, wie sie den Stift hielten, sei es, dass sie gelernt hatten, dass man ihnen zuhörte, wenn sie sprachen, sei es das »Ich«, dem sie sich anvertrauen konnten.

So selbstvergessen, als könne man sie beneiden darum.

Kaum hatte sie den Schlüssel aus ihrer Tasche gezogen und die Tür zu ihrer Wohnung aufgeschlossen, ließ sie ihn auch wieder fallen. Sie stützte ihre Arme am Badewannenrand ab und lehnte den Kopf an die Schulter. Sie saß gebückt über der Toilette und wartete, bis der Schmerz vorbeiging. Sie stöhnte auf, blieb so lange sitzen, bis sie die Kraft fand, aufzustehen und in ihr Zimmer zu laufen, wo sie, während ihr die Beine zitterten, die Tabletten in ihrer Tasche suchte. Sie nahm zwei auf einmal und spülte sie mit einem großen Schluck Wasser runter, setzte sich wieder auf die Toilette, wo sie die Schmerzen jetzt aushielt. Sie blutete und erinnerte sich, tiefer zu atmen, doch der Schmerz hielt weiter an und wurde in dem Moment stärker. Ihre Nackenhaare stellten sich auf, und ihr war, als müsste sie sich übergeben.

Es gelang ihr, die Augen zu öffnen und in die Badewanne zu steigen, sie legte sich den Duschkopf, aus dem heißes Wasser kam, auf den Bauch und ahnte, dass der Schmerz noch stärker werden würde, ein weiterer Schub blieb jedoch aus. Es zog weiterhin im Bauch, und sie merkte, wie sie langsam ihre Arme und Beine wieder bewegen konnte, ohne ihr Gesicht zu verziehen, als würde ihr Blick zunehmend klarer.

Im gelben Licht des Spiegels besah sie ihre Schlüsselbeine und den Hals. Sie steckte sich ihre Ringe an, die neben der Zahnbürste lagen, genauso die Ohrringe, welche sie abgezogen hatte, bevor sie in die Wanne gestiegen war. Sie tastete ihre Oberarme ab, fasste an die Unterarme, Beine, ihren Hals, Bauch und Brüste. Sie hielt die restlichen Tabletten in Griffnähe. Die Schmerzen würden wiederkommen, es war, als würden sie Seka bei ihren vielbeschäftigten Unternehmungen unterbrechen, jeglichen Übermut, jede zu weit gesteckte Reise strafen.

In ihrem Zimmer setzte sie sich auf einen Stuhl. Während sie sich die Socken überstreifte, fasste sie sich für einen kurzen Augenblick mit überkreuzten Armen an ihre Schultern. So saß sie, bis sie ihre Hose vom Wäscheständer abnahm und sie anzog. Sie griff zu einem Buch und las einen der Gründe, weshalb die Arbeiter in Frankreich die Rechte zu wählen begannen. In Didier Eribons *Gesellschaft als Urteil* las sie, wie ihm ein besseres Lektorat geholfen hätte, die vielen Wiederholungen im Buch zu vermeiden. Auf derselben Seite sah sie einen in ihrer Schrift geschriebenen Satz: »Ich will keine Bomben mehr im Briefkasten fürchten.«

Als sie im Vorlesungssaal saß, kriegte sie eine Nachricht, in der stand, ihr Vater drohte der Mutter, sie umzubringen.

Didier Eribon trat eine Gastprofessur an ihrer Universität an. Er trug eine dunkle Brille und gab eins zu eins wieder, was in seinen Büchern stand – dabei wiederholte er sich.

Sie war froh, als sie ihre Mutter am Sonntagnachmittag vom Bahnhof abholte und zwei Milchreis mit Himbeeren und Kaffee kaufte, sie sich in Richtung Park aufmachten, um in der Sonne zu sitzen. Verstand nur nicht, wie sie die Befreiung vollführen sollte, die einigen städtischen Frauen in Frankreich geglückt war, die sich vorgenommen hatten, »sich befreien zu wollen«. Die nicht mehr vom Schoß an abwärts nackt auf Tischen liegen und sich den Uterus von einer Person aus dem näheren oder fernen Bekanntenkreis mit einer Nadel durchstechen lassen wollten.

An die Wand eine Fotografie des Indian National Congress aus dem Jahr 1885 projiziert.

Anderntags die Inschriften der Glagolica, einer alten slawischen Schrift, in einem Stein bei Kroatien aus dem 11. Jahrhundert.

Die gezeichneten Entwürfe einer Frau um 1926 zum Städteplan Chicagos, ohne Namen.

Würde jemand Einblick in ihre Screenshots erhalten, hätte sie keine Geheimnisse mehr.

Mitschnitte von Filmen, französischen, japanischen.

Female scientists before 1800

Als die Folien einer Vorlesung auf die Leinwand projiziert wurden, fanden einige im Saal, die von ihren Laptops aufsahen, Gefallen an einer unverheirateten, so blutrünstigen Frau: Es war Kali, eine weibliche Gottheit, welche die Verschränkung des blutigen Freiheitskampfes mit religiösen Zeichen offenbarte.

Listen mit Büchern (*From Potosí to Amazonia: Mining the New World*), Lyrics, Covern – überall diese Ahnung, es wohne ihnen etwas Erklärendes inne und bedürfte nur ein wenig Arbeit, es herauszuschälen.

Zugleich geöffnet: die Landkarte Jugoslawiens nach dem ersten Zensus 1921 und die darin festgehaltene erste Befragung nach der Konfession, die Frisur von Seka Aleksić im Jahr 2004 und die Stuckatur einer barocken Kirche in Prag.

Sie fand das immer wieder, diese Verschränkung, als wären es Muster, diese Vielzahl an Formen der Agitation, selbst der Graben zwischen Hindus und Muslimen war bloß ein Erbe der britischen Kolonialzeit und ihr eigener Vater nichts mehr als ein Vertreter eines bosnisch-nationalistischen Freiheitskampfes. Sie sah sein Versagen, seine Träume und Hoffnungen in Dino Merlins Lied *Na Vi* aus dem Album *Koševo 2004*. Auf der Aufnahme hörte sie, wie zum Schluss des Konzerts Feuerwerke gezündet wurden, und erinnerte sich an jedes Neujahr und jeden ersten August, an dem man beklagte, dass die Feuerwerkskörper sich anhörten wie Bomben und Schüsse und wie fürchterlich das für diejenigen sei, die den Krieg miterlebt hätten. Sie hörte, wie der Sänger sagte, dass er keine Worte für das habe, was sich gerade abspiele. Sie hörte, wie er sich für die vielen Jahre beim treuen Publikum bedankte, das Gefühl, davon sowohl ergriffen als auch verstört zu sein, hielt nicht lange an.

Er sang: »Nie waren deine Augen so blutig.«

»Immer dieses Weinen« etc.

Sie hatte keinen Einfluss darauf, ob die Tränen kamen oder nicht. Seine Lieder waren das Letzte, was sie mit ihrem Vater verband.

Sie sah Simone de Beauvoirs Gesichtsausdruck, als sie in einer Gesprächsrunde im Fernsehen das Wort an eine Schauspielerin übergab, die ohne weiteres von Feminismus (da noch ein Novum) sprach, und las ihre Verwunderung aus dem Gesicht, aus der Art, wie ihre Augen zu Boden blickten. Man glaubte ein Erstaunen herauszulesen, wie jemand schön sein konnte und trotzdem für die gute Sache einstehen, in diesem Fall das Recht auf Abtreibung. Es muss doch selbst

Beauvoir eingeleuchtet haben, welch schreckliches Leben sie führte. All die Stunden, die Dispute, die trockene Luft in der Bibliothek, die vielen Aufsätze, die schlechte Haut, das im Grunde genommen langweilige Leben, wo doch beide letztlich gleicher Meinung waren.

Ungefähr zu dieser Zeit sah sie, wie der Bruder das Haus verließ, aber nicht zur Schule ging. Sie konnte es ihm nicht übelnehmen, ihm nicht weismachen, warum es sich lohne, in die Schule zu gehen, es war, als wiederholten sich mit ihm die Mühen, die Rückschläge, das aufgebrachte Scharren des Stiftes auf dem Notizpapier.

Es war, als blieben mit roten Rosen Veilchen blau.

Sie hätte ihm am liebsten gesagt, Schulversagen sei ein gängiges Phänomen bei Kindern wie ihnen, ohne zu wissen, wen oder was sie da meinte.

Sobald es dunkel wurde, scheuerte das stahlweiße Licht an ihren müden Augen. Die ganze Nacht hindurch strahlte es aus einer Wohnung auf der gegenüberliegenden Straßenseite. Sie setzte sich ans Fenster. Aus einer der Nachbarwohnungen erklang das kehlige Husten einer Raucherlunge. Sie sah solche, die sich mit einer Hand an der Fassade eines Hauses abstützten und vornübergebeugt übergaben, und andere, die eine Flasche Sprite in den halb geleerten Gin kippten. An den Ecken standen Frauen und tranken gegen die Kälte. Der Alkohol erweiterte die Gefäße, regte den Stoffwechsel an, vor Kälte wurden die Finger weiß.

Sie packte die Kisten aus, die sie im Keller ihrer Mutter gelagert hatte, und begegnete ihren alten Notizbüchern, den Unterlagen aus dem Studium, dem alten Traum vom Buch, der so alt war, wie die Fähigkeit zu lesen (*Maya und Domenico*).

Zwischen den Heften lagen Fotografien von ihren Aufenthalten in der Schweiz, in Berlin, Aachen, Österreich.

Das Haus seiner Eltern in Aachen, mit ihm rauchend in der Küche.

Der Finger auf der Engstligenalp mit einer großen Heuschrecke, unscharf.

Die Beine vor einem weiten grünen Feld in Adelboden.

Die Shorts und Wanderschuhe vor einem See und einer Felswand im Hintergrund.

Der Zeitpunkt, der die Erfahrung des Schmerzes schmälern würde, blieb aus. Was an seine Stelle trat, war ein bestimmtes Gefühl großer Dringlichkeit. Kleine Dinge gewannen an Bedeutung.

Sich die Haare waschen, Zähne putzen oder aus dem Fenster schauen.

Die eigene Beziehung zur Welt.

Ein ironischer Lapsus, mithilfe dessen man eine Distanz zu sich selbst hätte entfalten können oder mithilfe dessen man den Ernst zur Seite geschoben hätte. Schon bloß das Wissen um bestimmte Probleme in der Welt, um sich zu vergewissern, dass es nun mal nicht so schlimm sei, trat nicht an seine Stelle.

Man ging.

Man las.

Man wollte in Ruhe gelassen werden.

Am Meer leben und starke Oberarme haben, die Fischernetze ins Boot ziehen. Kochen, braungebrannt sein und gesund. Lieben, ein letztes Mal.

Ferner rückten ihre Träume nicht.

An einem Montagmorgen schließlich die Frage »Hat er Waffen?« unter Worten wie »Schutzprogramm« oder »Untertauchen«.

Der Schmerz riss entzwei.

Mit einer Nadel in ihrer Brust glaubte sie zu wissen, was da vor sich ging. Seka hatte sich lange gewünscht, jemand hätte sie angeschrien und ihr gesagt, dass das nichts weiter sei, doch der Schmerz war perfide. Sie konnte ihn nicht mitteilen, die Erfahrung blieb in ihr verschlossen, war unhintergehbar. Persönliche Kränkungen oder Zurückweisungen jeglicher Art, etwaige Trennungen oder dergleichen, mit deren Überwältigung sie sich ansonsten beschäftigt gehalten hätte, erwiesen sich als Witz, traten in den Hintergrund. Ihre Brüste schmerzten über Tage hinweg, als ständige Erinnerung, dass da was war, was nicht da sein sollte und immer über den Vorrat verfügte, gefährlich zu werden. Angeheitert durch die körperliche Auseinandersetzung mit sich veränderndem Gewebe, erfuhren Schmerzen zugleich eine dynamische Komponente. Wenn man etwa glaubte, einen neuen Knoten ausfindig zu machen, begann man, Situationen auszuhalten, die keine Veränderung kannten. Wenn Erleichterung oder Ablenkung ausblieb, ließ sich dasjenige, was man gemeinhin als Schmerz erkannt hatte, nicht mehr ignorieren, es gab für ihn keine Zerstreuung, keinen Zeitvertreib. Er konnte nicht umgangen werden. Mit keinem Spaziergang, keiner Arbeit.

Sie hatte wiederkehrende Träume, sah ihrem Freund beim Alltag zu. Beim Einkaufen, im Spätverkauf, an der Bushaltestelle an der Kreuzung. Sie sah ihm zu, wie er geschäftig seinem Leben nachging, seinen Freunden und seiner neuen Freundin Bier kaufte. Schlank und einsam, mit langen Beinen, einsam auch mit ihr, was ihm aber nichts ausmachte, da sie gemeinsam lachten, miteinander schliefen und zusammen frühstückten.

Simple Verrichtungen, um die sie ihn beneidete.

Was ging zu Bruch?

Das Herz wohl kaum.

»Wie fühlt sich Ihre Haut an, wenn Sie sie mit Wasser waschen?«

Fragen, die sie würden vergessen lassen.

»Spannt sie?«

Eine neue Creme für die Haut im Winter.

Die Kosmetiktiegel in Geschenkpapier zu verpacken und eine Parfümbeilage in den Händen der Kundin würden vergessen lassen, wo sie war. Lag sie im Bett, spürte sie doch nur, was fehlte. Sah sie an die Decke des Zimmers, wusste sie, dass sie dessen Bestand bald auflösen würde.

Sie wartete, bis jemand reinkam, den sie bedienen konnte. Der Schmerz hatte Einzug gehalten. In die Universität, die Wohnung, auf der Arbeit, im Bett, in jede Sehnsucht. Selbst wenn sie auf dem Fahrrad fuhr, da sie sich schämte, Leute grüßen zu müssen, die wissen würden, was geschehen war. Nachts kochte sie Leinsamen in einer Pfanne auf, schüttete die Brühe in ein Tuch und faltete es zu einem Wickel, den sie sich auf die Brust legte. Sie lernte, wie sie den Schmerz und den Druck zu lösen hatte. Etwas Warmes, etwas Schweres, etwas, was gegendrückte und auflag. Eine Wärmflasche oder ein Wickel. Das Gewicht würde den Schmerz aufwiegen, zwar nicht lösen, aber eindämmen.

Fand sich in einer Sache zurecht, die ihr für lange Zeit fremd bleiben würde.

In der Schweiz ging sie schwimmen.

Im Wasser sah man jede Menge Haare, Dinge, deren Ursprung man nicht herleiten konnte, auch Fetzen von Toilettenpapier, manchmal einen Tampon, irgendeine bräunliche Masse – man dachte direkt ans Schlimmste –, dann mehr Haare, Pflaster, auch Hände, die sich in die Badehose griffen. Die Haare wurden spröde vom Chlor.

Das Video zählte 3 Minuten und 36 Sekunden.

In ihm hängte er das Poster auf. Es war rot, der Aufdruck japanisch. Sie hatte es ihm geschenkt, weil er einmal meinte, es sei sein Lieblingsfilm. Im Nachhinein glaubte sie, dass er gelogen hatte. Vielleicht war es etwas gewesen, was man sich zu Beginn erzählte, wenn man einander gefallen wollte, und was im Laufe der Beziehung vergessen ging, weil man sich der anderen Person sicher wurde. Der Rahmen war ein, zwei Zentimeter zu groß für das Poster. In der oberen Bildhälfte des Videos war eine Glühbirne zu sehen. Sie hing auf seiner

Kopfhöhe. Er stand auf einem Stuhl und bastelte gerade mit zwei Fäden eine Wasserwaage, machte seinem Sinn für Ordnung alle Ehre. Er hängte das Poster viel zu hoch, ließ aber nicht davon ab, da es seiner Meinung nach erst oben so richtig zur Geltung kam. Seka hörte sich im Video lachen.

Dieser fahle Hall der Entfremdung.

Links von ihm stand eine Kiste mit dem Aufdruck »Fashion« auf dem Boden. Es war eine jener Kisten, in denen der Mann unten im Erdgeschoss seine Tomaten verkaufte. Sie war voller Papiere, Ordner, Kabel, Bücher, dergleichen. Seine linke Socke hatte ein Loch, seine Ferse schaute raus. Den Stuhl, auf dem er Halt suchte (das Polster hell und geflochten), hatten sie zusammen irgendwo aufgetrieben. Er stand vor einem Lautsprecher, auf dem ein kleiner Adventskranz balancierte, den sie für fünf Euro auf dem chinesischen Markt für die Feiertage gekauft hatte, weil Weihnachten war. Man sah das Wachs der Kerze, wie es bereits auf den Lautsprecher gelaufen war, was ihm aber nichts ausmachte, da dieser ohnehin nicht mehr funktionierte.

Häuslichkeiten dieser Art:

Er trug Jeans, einen Rollkragenpullover und eine Cap von einem schwedischen Fußballclub, um seinen lichten Haarwuchs am Hinterkopf zu verdecken. Wieder hörte sie sich lachen, weil er sich dumm anstellte. Als er Nägel in die Wand schlug und vorsichtig das Bild aufhängte, das Bild dann trotz Fadenkonstruktion irgendwie schief war, holte er sein Handy hervor und zog die Wasserwaagen-App zu Rate. Sie beide fingen zu lachen an, allein weil er eine solche App auf seinem

Handy hatte. Sie hörte ihrer Stimme an, wie sehr sie ihn mochte. So hell und unbeschwert. Nachdem er vom Stuhl runterstieg, ein, zwei Meter Abstand nahm und fluchte, da das Bild immer noch schief hing, ging er wieder zum Poster und vertraute den Anweisungen, die sie ihm nun gab.

»Etwas mehr nach links.«

Herzen brachen an Erinnerungen, an Fotografien, an Bewegungen, die man vollführte, an Spaziergängen, die man antrat, um sich die Beine zu vertreten beim Versuch, den Kopf zu klären. Sie brachen an den Wegen, die man gemeinsam gegangen war. Und am Video von ihm, wie er das Poster aufhängte, dem Video, das sie heute schaute, um sich zu vergewissern, dass da auch wirklich was war, was heute nicht mehr war.

Sie brachen auch an Tagen, deren Ablauf ihr bekannt war.

»SEKA«

Als der Vater zuschlug, wusste er nichts von der Triade, die
Kind, Mutter und Vater bildeten und die er im Begriff war
zu zerstören, dieses Dreieck, das einen prägte, auch später
noch.

Im Verhältnis, in dem ihr Vater und sie heute standen, war
sie »Seka« geblieben. Wenn sie nicht Seka war, hielt sie anderen Bezeichnungen stand, die in Garagen und Wohnzim-
mern oder auf Sportplätzen in Besançon im Beisein einer
kleinen bosnischen Gemeinschaft fielen, zwischen Satelliten-
schüsseln und den Kabeln im Wintergarten, wo die Wäsche
hing, der Endstation ihrer Autofahrt, ihrer kleinen Ferien-
destination. Auf einem Kalender auf dem Kühlschrank ihrer
Mutter waren seine Ferientage angekreuzt. Ihr Vater schrieb
nur in Großbuchstaben, weil man so die lästige Groß- und
Kleinschreibung umging, am oberen Rand des Blattes stand
der Name einer Spedition. Seine Unterschrift war Sekas
Nachname.

In all den Jahren hatte sich ihr Vater nur einmal an sie gewandt. Er hatte ihrem Bruder einen Umschlag für sie mitgegeben. »Za Seku.« – Für Seka, die Schwester. Schon hier eine
einfache Schrift. Im Umschlag lagen Bilder von ihr als Kind.
Ohne Worte, kein Brief, allem Anschein nach hatte er ihr
nichts zu sagen.

Plötzlich diese Hoffnung, er könne sich umbringen.

Papierstapel und lose Blätter, Kürzel wie RAV und Adecco, Arbeitsvermittlungen, die Schlüsselanhänger und Kugelschreiber aus Plastik, Werbegeschenke, MANPOWER, die Arbeitsagentur mit dem Aufsteller in der Innenstadt waren die Dinge, die sie mit ihm verband.

Ihm war alles verhasst, alles korrupt, die Altersvorsorge, das Arbeitslosenamt, alles Städtische, Behördliche.

Gut möglich, dass er der Tochter, die er mit in die Moschee nach Biel genommen hatte, um sich freitags mit den Männern zu unterhalten, mit denen er eine Art Freundschaft schloss, in der es ihm möglich war, über seine Erfahrungen zu sprechen, während sie sich in einem Bunker mit Klappstühlen und Teppichen ein rotes Tuch um den Kopf band, nicht mehr viel zu sagen hatte. Das Tuch war ihr immer wieder weggerutscht, weil sie nicht gewohnt war, es zu tragen. Der Imam hatte sie streng ermahnt, sie solle es sich wieder umbinden oder verschwinden. Sie lernte die Suren auswendig und trug sie zuhause vor.

»Bismillah-i rahman-i rahim.«

Selbst als Kind konnte sie erahnen, wie sehr die Suren ihre Großmutter erfreuen würden. Diese Rituale, die beiden den Platz im Tag zuwiesen, ihnen im besten Sinne also das Denken nahmen.

Was einer Studentin, zu der sie später wurde, die Bibliothek war, war einer Analphabetin der Imam, der pünktlich zum

Tagesanbruch das kleine Wohnzimmer bespielte, waren die vielfach körperlich vollzogenen Übungen der Al-Fatiha, der ersten Sure des Korans.

Als sie die Bilder von ihrer Einschulung ansah, verstand sie, dass er sie wissen ließ, dass er mit ihr abschließen wollte.

Nach dem Schwimmen unter der Dusche dann ein neuer Knoten. Diesmal in der rechten Brust.

Man ging in die Hocke und hob die Kisten, die leichter waren als gedacht. Man füllte sie, gab sie weg. Die Gegenstände, die man im Laufe der Jahre angesammelt hatte, waren so beliebig in ihrer Ausgestaltung wie das Leben: Putzlappen mit Brandlöchern, Bilder, Möbel, eine Waschmaschine, Schuhe und Kleidung.

Herzen brachen. In der Brust, und sie brachen am Schnitt. Klein und sauber. Nicht nur an Nadeln, die mit einer Vakuumkammer verbunden waren und die mit zwei lauten Knallen Gewebe aus der Brust entnahmen, sondern auch an Beziehungen, die zu Bruch gingen. Hundsgewöhnlich und banal. Zu ihrem Erstaunen selbst an Schuhen, die sie trug und die sie nicht mehr sehen konnte, sie brachen auch an neuen, die sie sich kaufte, um etwas dagegen zu tun. An Nachmittagen, an denen sie Zeit hatte. In Mittagspausen. Herzen brachen, während man sich zerstreute, etwa daran, die eigene Mutter und den Bruder verlassen zu müssen, brachen an all den Beschäftigungen, die man unternahm, um die letzte Beziehung zu vergessen. Ihr war, als wären Beziehungen nichts anderes als zeitweilige Beschäftigungen vergänglicher, wenn auch interessanter Art. An Briefkästen, Arztbriefen und Befunden, an Fahrradfahrten, Ausflügen an den See, irgendwo in Sachsen mit dem Fahrrad, den Hosen, die er trug, seinem Lachen, als er eine Hauptstraße entlangfuhr an einem Sommerabend und seine Arme von sich streckte, dabei von riesigen Bäumen und Feldern umgeben war, dem Wind, als sie ankamen am See, überlebensgroß.

Sie brachen auch an seinem Tattoo und der Fotografie, die sie aufgenommen hatte an einem der vielen Abende, die sie auf der Straße beim Kiosk versaßen. Aufgenommen, als er seinen Freunden sein neues Tattoo zeigte, das er sich in der Weserstraße in Berlin, in einem Jahr, das mittlerweile auch verjährt war, einem Jahr, das erinnerungsträchtig geworden war, in irgendeiner Wohnung mit buntem Duschvorhang hatte stechen lassen.

So banal im Grunde.

In Bern verschwand das Amt für Erwachsenen- und Kindesschutz hinter einer Fassade aus demselben Sandstein wie beispielsweise der Bau des Theaters. Das Gebäude glich einem Schuhgeschäft oder einem Wohnhaus im Umkreis der nächsten zweihundert Meter. Als Seka das Gebäude betrat, saß hinter dem Eingang ein Polizist auf einem Plastikstuhl. Das Wartezimmer war gut belegt, in ihm führte man Telefonate, die Stimmen verrieten am Klang, dass sie kaum geschlafen hatten diese Nacht. Durch einen Lautsprecher wurde Seka von einem Sozialarbeiter hinter einer Scheibe gebeten, sich hinzusetzen und zu warten. Eine Frau werde sie, so sagte er, während er mit den Fingern auf die Gegensprechanlage tippte, gleich abholen.

Sie hielt ein Glas Wasser in der Hand. Seka erzählte zum ersten Mal ohne Scheu von den letzten Jahren. Sie blickte in das Gesicht der Frau, die ihr gegenübersaß. Sie hatte das Vorhaben, klar und sachlich die Umstände zu formulieren, auf sich genommen, um über ihre rechtlichen Grundlagen unterrichtet zu werden. Als sie das Glas absetzte und vom sträflichen Tatbestand der Nötigung erfuhr, traten Tränen in ihre Augen. In einem Büro, das man nur mit einem Schlüssel öffnen und in Begleitung einer Sozialarbeiterin betreten konnte, lernte sie, dass die Vorfälle wohl nicht nachweisbar oder längst verjährt waren.

In einer knappen Nachricht oder einem Telefonanruf, den ihre Mutter gezwungen war, anzunehmen, da ansonsten Schlimmeres drohte, teilte er ihnen jeweils mit, was er vorhatte.

Sie bekam einen Anruf. Ihre Mutter müsse mit ihm in den Wald. Er hatte ihr aufgelauert und zwang sie zu einem Spaziergang. Sie ging mit, tat es zum Schutz der Kinder, die erwachsen geworden waren, in einer Weise, die er nie kennenlernen und auch nie nachvollziehen können würde. Als ihre Nachrichten nicht zugestellt wurden, sah sie ihre Mutter bereits im Laub liegen. Sie schrieb Seka eine halbe Stunde später, der Akku des Handys sei leer gegangen. Er sei jetzt weg.

Auf dem Weg zu ihrer Mutter, müde und erschöpft, kurz nach einer Vorlesung an der Universität und von der Stimmung begleitet, die sie so gut kannte, nämlich der Welt die Beine ausreißen zu können und zugleich schon schwach vor Wut, fand sie ihre Mutter in der Küche vor. Sie dünstete Zwiebeln an. Sie sprachen über die Zugfahrt, das Wetter, das Essen, als ob nichts vorgefallen wäre, wie jedes Mal.

Dazwischen eine Stirn oder ein Gang, die Art und Weise, die Füße zu heben, Kleidung auszuwählen, ein Fahrrad, ein Bus.

Man sagte, man brauche Rechtsberatung.

Man sagte, man brauche Ruhe.

Man sagte, man brauche eine Waffe.

Im Grunde war man erschöpft.

Er bat sich rein unter dem Vorwand, auf Toilette zu müssen – er rief in Schulen an, stand bei der Arbeit im Eingang. Ihr Bruder gestand tags darauf, er habe ihren Vater, als dieser in ihrer Wohnung stand, angeschrien, er solle sich verpissen.

Es war, als würde er nie sterben.

Manchmal fragte sie sich, ob er es zustande gebracht hatte, seine Invalidenrente zu beziehen, die er mit manipulierten Arztbriefen so viele Jahre lang einforderte. Bei der Arbeit sei er Schadstoffen ausgesetzt gewesen, er habe sich bei der Herstellung von Lackfarbe die Lungen weggeätzt. Sie verspürte kein Bedauern, wenn sie an ihn dachte, auch keinen Hass, wie ihn Didier Eribon empfand, dem der Tod des Vaters Anlass bot, den Ort der Kindheit aufzusuchen, auch keinen Zorn. Stattdessen war sie unfähig, das auszuhalten, was sie empfand.

Zugleich wusste sie nicht, wer sie noch war, wenn es aufhören würde.

Sie wollte an bestimmten Dingen festhalten. Sie wollte das fassen, was keiner prosaischen Verdichtung bedurfte. Festhalten, was schmucklos und zum Zeitpunkt des Geschehens unwirklich schien, wie etwa:

Das Bürsten der Haare und die Verrichtung, die »Kleidung anziehen« heißt, bevor man den Termin in der Opferhilfe antritt.

Der Smalltalk beim Schlosser, der neben Schlüsseln und Handyhüllen auch Pfeffersprays führt.

Das Gefühl, wenn man darauf wartet, dass jeden Moment jemand die Tür eintritt oder diese mit Schüssen durchsiebt.

Nach dem Gespräch mit der Sozialarbeiterin fragte Seka, wo die Toiletten seien. Eine Angestellte wartete. Sie musste sie rausbegleiten. Seka stieg in den Keller des Gebäudes hinab, beeilte sich und verschwand in ein kleines Badezimmer. Sie war gefragt worden, ob er Waffen habe. Seka hatte keine Antwort gewusst. Draußen rief sie ihre Mutter an.

»Wie war es?«

Die Übelkeit überfiel sie nicht.

Sie war da, bevor sie sich ein Glas mit Wasser füllen konnte. Abend für Abend ging sie schwimmen, legte sich danach an den Rand des Schwimmbeckens und ruhte sich aus. Ihr Bauch hob und senkte sich unter ihrem Atem. Sobald jemand nach seinem Handtuch griff oder seine Schwimmbrille suchte, rückte sie zur Seite.

Sie verlor an Gewicht. Sie ging laufen. Bald täglich schnürte sie ihre Schuhe. Rannte mit einem Mal mehrere Kilometer, obschon sie wenige Wochen zuvor noch überzeugt war, dass ihr Köper nicht für solche Dinge geeignet wäre. Zu Beginn waren es leichte Schmerzen, Muskelkater, später spürte sie Verhärtungen am Bauch und an den Beinen, die oberen Schichten der Haut ihrer Füße lösten sich, rissen und bluteten. Sie humpelte, ruhte, begann wieder von Neuem und rannte an einem Sonntag vierzehn Kilometer, lief diese Route in Folge mehrfach die Woche, glaubte ab bestimmten Teilstrecken, ihre Beine nie wieder in gewohnter Weise bewegen zu können, sah dabei Tiere, Rehe, Spuren der Füchse am Waldrand. Während sie darauf achtete, dass sie ihr Tempo hielt, nicht schneller und nicht langsamer wurde, die Arme locker ließ, die Füße richtig abrollte – erst Ferse, dann Ballen –, versuchte sie, keine Gedanken an ihre Figur zu verschwenden.

Ehe sie sich versah, lag an der Aare, dem Wald, dem See, zeitweise auch dem kroatischen Meer, in das sie sich nach einer Strecke kopfüber warf, etwas, was sie immer weiter aufsuchen würde, eine Anstrengung, die ihr wichtiger werden würde als jedes bis dahin überdauerte Unbehagen.

Womöglich die Weitsicht an gewissen Stellen (etwa am Kap).

Es war die Zeit alleine, die Zeit, in der sie dachte.

»Wir müssen Blut nehmen.«

Die Pflegerin zog aus einer Vielzahl von roten und blauen Plastikmäppchen eine rosa Mappe heraus und tippte mit dem Finger auf Sekas Namen.

Sie schnippte die blauen Linien in Sekas Armbeuge mit dem Zeigefinger wach und stach mit der Nadel in ihre Vene. Seka erkundigte sich nach ihrem Tag. Sie sahen sich mittlerweile alle vier Wochen und hatten einvernehmlich beschlossen, einander zu mögen. Während die Pflegerin antwortete, blickte Seka aus dem Fenster, aber hörte aufmerksam zu. Draußen grünte der Sommer, die Kronen der Bäume waren dicht, der Rasen, der zum Wald führte, wurde kräftig in seiner Farbe.

Was sie am Ufer des Sees fand (im Wald, an gewissen Teilstrecken), war die Ahnung, dass ihr Vater mit einstiger Liebe zu Familie, Meer, den Bergen, dem Schnee nur ein solcher Despot hatte werden können, da er dasjenige, was er zu lieben und leben verstand, verloren hatte.

Vielleicht war es auch die Arbeit, die er verrichtete, oder ihr Fehlen später, als er auf sie angewiesen gewesen wäre.

Seka blieb eine Weile am Steg sitzen und achtete darauf, ihre Schuhe vom Seegang nicht nass werden zu lassen. Es war später Morgen. Mit den Wolken bahnte sich seit Stunden etwas an, was sich bisher nicht entladen hatte. Der Druck schürte, vom starken Wind bestärkt, Hoffnung auf Regen. Sie ging den Weg, den sie gelaufen war, ohne Eile zu Fuß zurück. Der Wind wehte ihren Rücken in Schieflage und trieb ihre Beine voran. Sie sah auf den See und die Berge.

SWITZERLAND

Das kristalline Wasser, die Alpen und die Tunnel.

Der Regen kam erst, als sie schon fast zuhause war. Stunden später lief sie dieselbe Strecke noch mal, diesmal bei klarem Himmel und Vollmond. Bei Kilometer 8,25 stand sie wieder am See. Sie erinnerte sich, wie sie als Kind im Schwimmbad, von ihrem Vater ermutigt, vom Dreimeterbrett gesprungen war und danach allen gesagt hatte, es seien fünf Meter gewesen.

Vor ihrer Haustür wurden Absperrbänder gespannt. Ein Reporter wartete im Regen darauf, vom Sprecher der Polizei hinzugerufen zu werden. Ein Schäferhund stand an kurzer Leine eng bei einem Beamten. Weiter vorne wurde einer Passantin von einem alkoholisierten Mann der Weg abgeschnitten.

»NEVER CALL ME AGAIN.«

Drei Geschäfte weiter wurde in einem Laden das Inventar gezählt. Im Restaurant bestellte jemand Rindstatar, wünschte sich eine Mayonnaise und mehr Toast.

Ein Clubbetreiber saß auf einem Stuhl und beobachtete seine neu eingestellte Arbeitskraft. Im Vorstellungsgespräch war er hellhörig geworden, als man sagte, man hätte nur sporadisch in einer Bar ausgeholfen. Er suchte keine Studenten, die im Sommer eine Saison lang »jobbten«, sondern Leute mit »Leidenschaft«.

Kurz vor ihrer Haustür schnitt ein Mann auch Seka den Weg ab.

»How much?«

Sie schüttelte den Kopf und lief an ihrem Eingang vorbei, damit er nicht sah, wo sie wohnte. Sie wartete, bis er um die Ecke gegangen war, bevor sie das Stück zurücklief und die Tür aufschloss. Sie putzte sich die Zähne, ohne Licht anzumachen, und wandte die Augen vom Spiegel ab. Sie wollte nicht sehen, was der Mann gesehen hatte, und nicht wissen, was er sich bei diesem Anblick gedacht haben könnte. Simple Dinge; diese Vermengung verschiedener Zeiten an ein und demselben Ort. Sie duschte, sah derweil die weißen Fliesen ihres Bades, der Duschvorhang war zu klein, der Boden wurde jedes Mal nass. Im Zimmer ließ sie ihre Hose zu Boden fallen.

Im Grunde wieder nüchtern nach einer langen Nacht, sah sie, als sie im letzten Sommer in Leipzig nachhause kam, einen Betrunkenen vor ihrer Haustür stehen. Dieser hatte an den

Wänden und auf dem Boden des Hauses Blut hinterlassen. Als die Polizei gegangen war, hatten sich die Nachbarinnen vor die Haustür gehockt. Er hatte ihre ganze Wohnung zu Bruch geschlagen. Sie holte ihnen Brötchen, Orangensaft, ein Frühstück.

Sie las, Bosnien habe seinen Reichtum im Mittelalter dem Bergbau zu verdanken, deutsche Bergleute, Sachsen, seien im 13. und 14. Jahrhundert gekommen und hätten verschiedene Gruben beaufsichtigt, den Abbau begleitet, man könnte sagen, orchestriert.

»The mines were privately owned by the local landowner, and managed by the Saxons, who were allowed by law to cut wood in the forests and make mining settlements wherever there was ore.«

Insbesondere in Srebrenica, wo das Silber dem Gebiet seinen Namen gab.

Argentinien, so lernte sie, sei übersetzt nichts anderes als das Land des Silbers.

»Via Argentaria« hieß die von den Römern gebaute Straße, welche die Bergbauregion in Srebrenica mit den Hafenstädten der Adria (Salona) verband.

Dieser Weg des Silbers in die Hafenstädte, nach Venedig, Sizilien, weiter in die Welt hinaus.

Eine Notiz: »many of the finest medieval and renaissance Italian churches must have had Bosnian lead on their roofs.« (*Bosnia. A Short History*, Seite 24)

Seka ging wieder schwimmen.

Und: »many Bosnians were also sold as slaves there [in Ragusa], and were exported to Venice, Florence, Genoa, Sicily, southern France and Catalonia.« (Seite 25)

»Nicht anlehnen. Ne pas s'appuyer. Non appoggiarsi.«

Die Landschaft barg Regionalzüge, Industriegebäude und mit Schieferplatten gefüllte Lastwagen. Die Sonne schien ihr in den Rücken. Bevor sie das Schwimmbad betrat, holte sie sich einen Kaffee. Sie war froh, allein zu sein, und gab sich zufrieden, als sie die Treppe ins Wasser nahm. Hier hielt sie sich die Möglichkeit offen, dem Leben zuzusehen, das auch für sie hätte in Frage kommen können. Unter anderen Umständen. Wäre sie beim Vater geblieben. Auch sie hätte sich eine Halskette mit goldener Lilie umhängen, sich mit achtzehn verheiraten, ihren Kolo tanzen, von Liebe sprechen und einem Traum vom Eigenheim mit Bulldoggen nachgehen können.

»Es riecht komisch.«

In Bern schaukelte sie ein paar Schritte vor und zurück. Sie erhaschte einen kurzen Blick in das Zimmer ihres Bruders, als sie dem Kater die Tür öffnete. Im Zimmer entdeckte sie zwischen seiner Kleidung, Essensresten und zu Boden geworfener Wäsche Blätter. Sie sah, dass er Gedichte schrieb.

Vor der Haustür wünschte er durch die Gegensprechanlage, ihren Bruder zu sehen. Dieser ging mit ihm mit. Sie fuhren zusammen in ein Restaurant. Sie aßen gemeinsam, hätten sich sogar unterhalten, wie ihr Bruder am Abend berichtete. Seka hatte von alldem nichts mitgekriegt, war in Schönbühl in einem Bad, erst als sie abends gemeinsam vor dem Fernseher saßen, sagte er plötzlich: »Er war heute da.«

»Hat er sich wieder Sorgen gemacht, dass du misshandelt wirst?«

Er habe mit ihm wie mit einem Menschen gesprochen. Er habe neue Zähne, den Krebs auf seiner Nase behandelt und eine neue Wohnung in Aussicht. Er sei in den Ort zurückgezogen, in dem sie zuletzt mit ihm gelebt hatten.

In der Küche die Tasse, die ihr Bruder vor ein paar Jahren auf einer gemeinsamen Reise mit ihrem Vater aus Bosnien mitgebracht hatte, mit dem Abbild einer Burg und dem Namen Srebrenik darauf.

Seine feinen blonden Haare stehen ihm seitlich der Ohren ab.

Ein weiteres Bild.

Seine untere Gesichtshälfte ist mit Sahne bedeckt. Es ist ihr Bruder, keine zwei Jahre alt, der ein Eis isst, nicht ahnend, dass es sein eigener Vater werden würde, der ihm diese Steine (keine Kiesel, ungemein größere) in den Weg legen würde. Auf der Straße sieht man Badegäste, welche die Schlauchboote zurück zu ihren Plätzen tragen. Dahinter ein Liegestuhl, Pinienbäume. Zadar, Kroatien. Am Handgelenk ihres Bruders ein goldenes Kettchen. Die Hand eines Erwachsenen im Bild, die ihres Vaters, hält ihm das Eis an den Mund.

Sie kramte in den Kisten.

Sie hörte die Glocken einer Kirche läuten, sah ein paar Krähen auf dem Rasen stolzieren und einen Kinderwagen über den Kiesweg rollen. Sie las in ihren Notizen, wie sie »Frühling« und »Donnerstagmorgen« schrieb und dabei das Herzklopfen verschwieg, das sie einholte, sobald sie an die vielen Nachrichten dachte, die sie auf ihrem Handy lossandte, wenn ihr jemand gefiel. Sie blätterte in den Heften und verstand, was manch eine in manch einer Situation meinen konnte, wenn sie von »Scham« oder »jugendlichem Eifer« sprach: Sie las von der bewussten Entscheidung, gewisse Dinge zu verschweigen. Alles, was ihr widerfuhr, sah sie anderen geschehen. Ihre Person war reversibel, wiederholbar, versatzstückhaft.

Sie verkroch sich ins Bett.

Den Wunsch, weniger eitel zu sein, las sie in unzähligen Varianten in ihrem Tagebuch, vermutete darin wohl so etwas wie Freiheit. Sie sah vor ihrem inneren Auge, wie sie sich umdrehte, von Feldern und hohen Bäumen umgeben war und dabei Vögel hörte, die über mehrere Bäume hinweg ihr Spiel vollzogen. Schließlich kramte sie in ihren Erinnerungen in den Jahren, in denen sie Helga Novaks *solange noch Liebesbriefe eintreffen* las, ein schreckliches Referat darüber hielt und mit der anschließenden Frage eines Kommilitonen, »Was war das eigentlich?«, vollkommen die Zuversicht in ihrem Studium verlor. Auf einem Bild, das ihr Freund von ihr aufgenommen hatte, sah man sie die Trainingsjacke ihres Bruders tragen, auf der in gelben Buchstaben »Bosna i Hercegovina« stand.

Sie schloss die Kisten und ging in die Berge.

Er hätte ihr sagen können, welche Bäume das waren. Sie schaute die Felswand hoch, sah die glatten Stämme, das Laub und die Nadeln. Er hatte einen Baumschein, hätte sie ohne weiteres zu Boden gebracht. »Baum fällt!« Sie kannte bloß Lärchen und Tannen. Den Rest unterteilte sie in orange, in andere Bäume, in gelbe, rote etc. Kurzum, sie hatte keine Ahnung. Sie drehte sich um, blickte über das Tal. Sie war in Lauterbrunnen und folgte dieser Sonne, die das Tal füllte, von wo aus der nächste Anstieg mit der Bergbahn nach Wengen ging. Die Zugwaggons waren fast leer.

Wenn ihre Mutter weinte, wurde sie still, ihre Augen rot. Die Tränen blieben wie auch beim Bruder in den Innenwinkeln versteckt, selten fielen sie auf die Wangen.

Kurz danach saßen Mutter und Tochter in einer Sauna, bedeckten ihre Brüste, als ein Mann reinkam und Wasser auf den Steinen verteilte, sodass es dampfte. Rückblickend, so schien es ihr, wie zwei von der Welt verstoßene Frauen. Sie tranken in einem gefliesten Raum Tee und aßen später in einem Bergrestaurant einen Salat mit Ziegenkäse zu Mittag, hinter ihnen stand einer dieser ausgestopften Bären. Der Universität reichte Seka ein Arztzeugnis ein, kündigte vorzeitig ihre Wohnung in Leipzig und war froh, dass sie den Vertrag auflösen konnte, und traurig am Tag, als sie auszog – als er kam, holte er mit seinem besten Freund die Waschmaschine ab. Später fotografierte sie den Innenhof, ohne die beiden, die Wohnung, den Balkon, auf dem sie Monate zuvor Pflanzen gesetzt hatte. Als er die Waschmaschine holte, hatte er ihrer Mutter die Hand gereicht und sich mit seinem besten Freund beratschlagt, wie sie die Maschine am besten raustragen sollten. »In die Hocke und dann raus.« Sie machte ein

Bild vom Gesicht ihres Bruders, später, als er schlief. Wie er auf einem dieser Fenstersimse stand und die Fenster putzte. Sechzehnjährig, groß geworden. Sie verkaufte ihr Bett, ihr Regal, ihre Vorhänge, die Lampen und ging.

Der Anblick des Tals klärte ihr den Kopf.

»Lauberhornrennen«

Es ging in den Wald, die Fahrt begann. Es ging immer höher, die Bahn zitterte. Seka sah in Wengen ein Kino und eine Kegelbahn, daneben ein Haus aus dem Jahr 1650, ein Geschäft für Outdoorkleidung, Skischulen, einen Kinderspielplatz und eine evangelische Kirche.

Wer in die Berge ging, fand *leisure*, Freizeit.

In einem Viererabteil saßen zwei Frauen, die in bosnischer Sprache über ein Café an einem Strand redeten, das direkt nach dem Krieg gebaut wurde und sehr schön war, dort habe sie Urlaub gemacht, sagte die eine, und wolle bald wieder hin.

Als Seka das letzte Mal in Bosnien war, schritt sie in Kozarac die Straße neben der Moschee hinab und kam am Grundstück ihres Onkels vorbei, der eine Autowerkstatt betrieb. Sie lief auch am Haus einer entfernten Tante vorüber, die am Hals ein Geschwür hatte und jeden Monat von Angehörigen Medikamente aus der Schweiz zugeschickt bekam. Seka hatte gespürt, wie sich Kieselsteine in ihren Schuhen sammelten und ihr die Mittagshitze auf den Kopf schlug. Im Dorfzentrum angekommen, sah sie, wie sich vor der Fensterfront von Western Union eine Schlange bildete.

»International Money Transfer«

In Kozarac ließen sich die Häuser der »Rücksiedler« nach Ländern unterteilen: War das Haus einstöckig, so hatte es ein Schwede gebaut, war es zwei- oder dreistöckig, so war es ein Schweizer.

Unterwegs zum Markt lief sie an der Schule vorbei, die ihre Mutter bis zum zehnten Lebensjahr besucht hatte. Hier hatte sie Lieder gesungen, bevor sie mit ihren Geschwistern den Eltern, Sekas Großeltern, folgte. Zehn Jahre später wurde sie in einem Schwimmbad von einem bosnischen Mann nach Feuer gefragt, sie wurde schwanger und unterschrieb einen Heiratsvertrag, der sie fünfzehn Jahre an einen Despoten binden würde. Seka suchte auf dem Markt Unterwäsche und kaufte Kohl, Tomaten und Gurken. Die Ausgestaltung der im Krieg zerstörten und mehrheitlich verbrannten Häuser erlaubte Rückschlüsse darauf, wohin die Diaspora ausgewandert war. Es zeigte sich nicht nur in der Anzahl der Etagen, sondern auch darin, nach welchem Vorbild der Wiederaufbau der Häuser vorgenommen wurde, gar der Wahl der Blumen (Geranien).

Vor ein paar Jahren hatten auf den Tischen noch schwarz gebrannte CDs und überspielte Kassetten von Ceca, Seka Aleksić oder Dara Bubamara gelegen. Sie fühlte mit den Fingern den vielen Tüchern nach, die im Laufe der Zeit hinzugekommen waren, und lief am Denkmal vorbei, das der unzähligen Menschen gedachte, die in den Jahren 1992 bis 1995 umgekommen waren.

»My dear Minka«

Als Kind sah Seka, wie ihre Mutter den Schrank öffnete und Bettzeug rausholte, nach den Autoschlüsseln griff und ging. Es war derselbe Schrank, hinter dem sich ihre Mutter versteckte, wann immer sie ihren Büstenhalter an- und auszog. Auf die Frage, wozu so etwas gut sei, antwortete ihre Mutter:

»Damit sie an Ort und Stelle bleiben.«

Als wäre ein Großteil der Frauen, mit denen Seka aufgewachsen war, geschlagen, misshandelt worden, die Kinder nach Bosnien entführt und über Jahre versteckt gehalten. Als wäre das alles geschehen, als sei das auch wirklich alles wahr. Lange Zeit dachte Seka, dass dies eine Art Klassending wäre, das Schicksal derjenigen Frau, die, schlecht gebildet, zwar Ausbildungen machte, aber eine »working poor woman« blieb.

Vielleicht rührte daher diese Verstimmung, als sie die Nachnamen beim Bäcker, auf Straßenschildern oder im Verzeichnis der Lehrpersonen ihrer Gemeinde zu lesen begann, diese Namen in Zeitungen, auf Friedhöfen, es war, als stünden ihre Namen bereits für ein anderes, vielleicht auch sichtbareres Leben.

»Suter AG«

Auf der Fahrt nach Bosnien, bei Graubünden, als sie am Schild des Nationalparks vorbeifuhren, diese sich aufdrängenden historischen Umstände, unter denen dieser Park ins Leben gerufen worden war. Es schien ihr, als gelänge es, wenn überhaupt, nur spärlich, das Eigentliche, das Erstaunliche daran zu sagen:

Koloniale Rückwirkung (Java) in den europäischen Wissens-
diskurs durch die reichen Vetter der Patrizierfamilie Paul
und Fritz Sarasin (Zoologen und Naturforscher als Profiteu-
re und Trittbrettfahrer bei der militärischen Aneignung von
Land und Ressourcen, Schweizer Söldner und Botaniker),
Sammlung und Enteignung von Gegenständen und ihr Einzug in europäische Archive (Knochen, Schädel), das Selbst-
verständnis der *zivilisatorischen* Aufgabe, Rückübertragung
kolonialer Imagination in die Schweiz (»Urzeit«, Pfahlbau-
ten, »Urnatur«, »Urmensch«), die Gründung des ersten Nationalparks in Graubünden zur Wahrung der »Urnatur« in
den Alpen etc.

Bei einem der Nachfahren dieser Sarasins hatte sie an der
Universität Zürich ein Seminar besucht, in dem sie Texte
las, in denen es hieß, die Sexualität sei erst zweihundert Jahre alt, einem Dozenten, der seine Sachen in einem leichten
Turnbeutel verstaute und zusah, dass er in den Pausen aus
dem Seminarraum verschwand.

Die Ausgrabung des Homo erectus auf Java im Jahr 1891
und seine spätere Verschiffung nach Europa.

Weiter: Vorausgegangen war den »Pro Natura«-Pappaufstel-
lern am Zürcher Hauptbahnhof Paul Sarasins Gründung des
Schweizerischen Bundes für Naturschutz 1910.

Ob man unterschreiben wolle, spenden wolle für die Tiere,
das Wohl dieser Natur unterstützen wolle.

Ansicht eines Rehs.

Wer würde nicht?

An der Strandpromenade in Budva, Montenegro, mit ihren Jahrmarktständen, wo man von Zeit zu Zeit die Zuckerwatte riechen konnte und in eine süße Parfümwolke trat, wurde über die Lautsprecher ein Konzert von Seka Aleksić übertragen. Es war warm, die Jeans scheuerte zwischen den Oberschenkeln, der Abendhimmel wurde mit grellem Lichtspektakel bespielt, zischte und funkte derart, als hinge an der bleischweren Luft und den im Hafen anliegenden Booten mehr als bloß das Versprechen einer besseren Zukunft.

Aus dieser Zeit blieb ihr der Geruch des Hitzeschutzsprays, das man sich in die Haare sprühte, bevor man Strähne für Strähne zwischen die mit Keramik beschichteten Stäbe des Glätteisens klemmte.

Den ersten Urlaub ohne Vater verbrachten sie mit der Cousine ihrer Mutter, deren Kinder von ihrem Mann entführt worden waren. Seka verstand erst Jahre später, dass dies der erste Sommer war, den die Kinder, die so alt waren wie ihr Bruder und sie, mit der Mutter verbrachten, sie waren mithilfe der österreichischen Polizei aus den Händen des Vaters befreit worden. Die ersten falschen Nägel wurden ihr in einer Garage an der Hauptstraße verpasst, es waren pinke Nägel, sie trug sie zusammen mit der Louis-Vuitton-Tasche vom Fälscher zur Schau und überzeugte ihre Mutter an jenem Abend, sich eine Namenskette aus Draht fertigen zu lassen. Nach der dritten Dusche lief das Silber bereits grün und blau an.

Blau waren auch die Bücher, über die sie heute Vorträge hielt. *Bluets* von Maggie Nelson, *Die imaginierte Weiblichkeit* von Silvia Bovenschen oder *Malina* von Ingeborg Bachmann.

Sie war inzwischen geübt und wusste die schwarz und grau melierte Masse als Gewebe zu erkennen. Lymphknoten konnte sie auf dem Bildschirm selbst ausmachen und sie vom Drüsengewebe unterscheiden. Sie unterteilte die schwarzen Punkte in ungefährlich, Fibroadenome (gutartige Tumore), nicht weiter relevant oder potenziell gefährlich. Sie gewann langsam Routine in der Prozedur, die jedoch nie ohne Tränen auskam. Auch dann nicht, als sie lernte, dass viele junge Frauen solche Knoten hatten.

Viele junge Frauen:

Brigitte Reimann, die in ihrem Tagebucheintrag vom 12. Januar 1964 schrieb: »Lieber Gott, es ist schrecklich, daß dieses Gefühl immer mehr in mir wächst, es mangle mir an Intelligenz, Logik. Den ganzen Tag saß ich vor einem leeren Blatt Papier. Bei Zusammenkünften wage ich kaum noch den Mund aufzutun. Bin ich dumm, oberflächlich oder nur ungeschult […].«

Gabriele Wohmann: »Wenn jemand mit den Wörtern dem Brand zuschaut, den er gelegt hat.«

Ingeborg Bachmann: »wie absurd, denn was habe ich gelesen bisher, wozu dient mir das jetzt, wenn ich es nicht brauchen kann für Ivan.«

Dubravka Ugrešić: »Ich habe sie totgefickt!«

Kathy Acker: »I had a history of breast lumps but, until this time, none of them had been malignant.«

Marlene Streeruwitz: »Diesen scharfen Schmerz entlang. Innen.«

Audre Lordes Eintrag in ihren *Cancer Journals* vom 1. Mai 1979: »Spring comes, and still I feel despair [...].«

Christa Wolf: »Ich höre mich sagen: Sie sind in Prag einmarschiert. Und höre meine Mutter flüstern: Es gibt Schlimmeres. Sie wendet den Kopf zur Wand. Es gibt Schlimmeres. Sie stirbt. Ich denke an Prag.«

Hélène Cixous: »Ihren letzten Körper muss ich beschreiben, jenen der im Januar 2013 gekommen ist. Es gelingt mir nicht. Er verteidigt sich. Er flieht. Er verschwindet.«

Virginia Woolf: »I«.

Handke sagte, er sei die Literatur.

Er sagte in einem Interview: »Überhaupt, diese sogenannten ›Mütter von Srebrenica‹: Denen glaube ich kein Wort, denen nehme ich die Trauer nicht ab. Wäre ich Mutter, ich trauerte alleine.«

Allerlei Beschäftigungen.

Er sagte, Banja Lukas Wälder hätten gute Pilze.

Wo er noch in seinen Büchern den Flüssen, Bäumen und Wäldern eine Kraft attestierte und beobachtete, wie jeder Vogel anders flog, schloss er heute aus Versehen Allianz mit serbischer Propaganda. Handke, der Seher und Dichter, gab sich blind gegenüber der politischen Landschaft, in die er sich hineinbegab, und zeigte sich zufrieden mit der Errichtung einer Statue in Banja Luka. Tangiert wurde seine Welt erst, lag erst dann zu Bruch, als der Dachstuhl der Sacré-Cœur brannte.

Und doch gab es diese Stellen, an denen er über seine eigenen Sätze und auf Blatt gebrachten Missstände stolperte und lachte, als sei ihm das Geschriebene peinlich, in einer für ihn so gewinnenden »stummstieren« Art.

Peter Handke im *Versuch über den Pilznarren*:

»In meinem Innern ist es mit mir nicht weitergegangen als bis an die Waldränder, wo ich als Siebenjähriger hingelaufen bin zum Wind-in-den-Baumkronen-Hören.«

An den Waldrändern die Innereien eines zerlegten Tiers (gemeinhin Aufbruch genannt), die man bis auf das Herz und die Leber im Wald zurückließ.

Als sie bei Lauterbrunnen in die Wälder ging und drei Stunden später die von Rehen eingetretenen Wege entlanglief, eine Tasche voller Pilze trug, von denen sie nicht mit letzter Sicherheit sagen konnte, welche essbar und welche giftig waren, Lichtungen mit Moos und Totholz aufsuchte, ihre Hose an den Beerenstauden aufriss und erste Schüsse hörte, blieb sie ruhig. Eine Leuchtweste führte sie nicht mit. Später las sie, die Jagdsaison sei am selben Tag eröffnet worden.

Stattdessen führte sie Dinge von Nutzen mit sich: ein Messer, einen Korb, wasserfeste Schuhe, und erinnerte sich an den Geologen, wie er da an einem der Tische einer Ausstellung saß, an dem gezeigt wurde, wie ein Tier ausgenommen wird: bäuchlings aufgeschnitten und an den oberen Beinen abgezogen. Wie er beim Anblick des Vorganges, bei dem man unter Aufwendung einiger Kraft das Fell des Tieres abstreifte, sein Gesicht verzog, so zimperlich oder zierlich, ihr war nicht klar, was.

Sie fühlte sich auf der Waldlichtung von den Schüssen nicht in die Enge getrieben, trug den Bruch, jenen Zweig, den man Hirschen nach ihrem Erlegen zwischen die Zähne klemmte, wohl bereits im Mund.

Wichtig sei lediglich, so hörte sie, beim Schuss die Innereien nicht zu verletzen, da ansonsten das Fleisch schlecht würde.

Sie las in einer serbischen Tageszeitung von einer Tagung, welche die Genozide in Zweifel zog, etwas über terminologische Klauseln und von der Frage, ob das Ganze nun eine Lüge sei oder nicht.

Mit einem Gefühl, das Handke in einem seiner Bücher so treffend als Schreckensmomente beschrieb, die immer nur ganz kurz, eher Unwirklichkeitsgefühle seien, las sie in einer Abhandlung, das »weibliche Naturell« eigne sich hervorragend, um Dinge nachzuahmen. Dies zeige sich insbesondere in literarischen Texten, die von Frauen hervorgebracht worden seien.

Jahre der Bemühungen im Studium, um zu verstehen, dass es kein »Wesen« der »Dinge« und kein »Naturell« gab. Und so wie es kein Wesen der Dinge gab, gab es auch nicht »die Frau«, »das Schreiben«, »den Körper«.

Mit Marcel Mauss gesagt, gab es auch keine natürliche Art von Schwimmen, Kommunikation, Schlafen, Essen etc.

Nichts war natürlich.

Nichts den Dingen immanent.

Jede Bedeutung hergestellt.

Jedes Töten gelernt.

Sie las Simone de Beauvoir, die zum Schluss kam, dass die Texte von Frauen keine große Literatur seien. Schreibenden Frauen stünde ihr eigenes Leben im Weg: Erst in Loslösung vom eigenen Leben sei schließlich ein guter Text von einem schlechten zu unterscheiden. Die Texte von Frauen verstand sie nicht als Literatur, sondern als Darstellung gelebter Erfahrung.

Ihnen fehle die »Freiheit des Schöpfers«.

Nach dem Tod von Ramiz fing ihre Großmutter den Hahn und zog ihn in die Garage, wo das Beil bereits wartete. Der Hahn krähte im Morgengrauen vor dem ersten Gebet des Muezzins in die Talsenke von Kozarac hinab. Als sie ihn mit der Rückseite des Beils bewusstlos schlagen wollte, entwischte er ihr. Am nächsten Tag fing sie ihn wieder und streckte ihn mit starker Hand nieder auf den Holzpflock. Sie schlug zu. Nachdem seine Bewegungen erschlafften, wendete sie das Beil auf die andere Seite und umschloss den Hals mit einer Hand. Sie holte aus. Am nächsten Tag gab es Kvrguša. Sie sagte, der Hahn habe sie schon länger genervt. Er sei so streitsüchtig mit ihren Hühnern gewesen. Zur Beilage gab es Tomaten aus dem Garten.

Sie wollte fort.

Die Sonne schien so stark auf den silbernen Tisch, dass Seka den Platz wechselte.

Sie besuchte eine Freundin in Berlin, deren Handy in der Aare lag.

Während sie die Reste ihres Kaffees trank, stimmten sie die Bordsteine Berlins mit einem Mal zuversichtlich. Sie hörte ihrer Freundin kaum mehr zu, dachte hingegen an den Wald, den sie aufsuchen würde, an eine Zeit, zu der sie sich von allen abwenden würde, während ihre Freundin erzählte, wie groß die Möglichkeit wäre, dass Seka und sie eines Tages eine Beziehung mit demselben Mann führen würden.

Ein und demselben Mann. »Hörst du zu?« Sie nickte.

Einer arbeitete in einer Firma, die Semiconduktoren herstellte. Er suchte eine eigene Wohnung, eine Frau, ging gerne in Zürich aus, trank gerne Gin Tonic und stand insgeheim auf kleine, brünette, großbusige Mädchen, deren Instagram-Profile er abends regelmäßig aufsuchte, ohne zu sehen, wie sehr sie seiner Mutter glichen.

Ein anderer wohnte in Genf, besuchte Sprachkurse und lachte, wenn er etwas nicht verstand.

Ein anderer war verheiratet und suchte Ausgleich im Sport. Er lagerte seine Probleme in das Vorhaben aus, sie zu überreden, mit ihm im Tessin in einem Haus am See Zeit zu verbringen. Er schickte ihr Bilder von der Küche und vom vielen Obst auf dem Tisch, von der Kaffeekanne, vom See, von den Bergen, von den Straßen, Lichtverhältnissen und Stimmungen. Sein Profilbild war lange Zeit eine weiße Magnolie, inzwischen war es seine vierjährige Tochter.

Er sagte, sie erinnere ihn an sein früheres Leben.

Ein anderer langweilte sich und schrieb neben seinem Physikstudium einen Roman. Denn er habe ein besonderes Gefühl für Sprache. Sein Protagonist sei jemand, so sagte er, während er seine Bierdose mit einer Hand zum Knistern brachte, der sich von seiner Umgebung missverstanden fühle.

Ein anderer studierte Lebensmitteltechnologie und war sich seiner Zukunft gerade sicher. Die Laufschuhe, die er vor fünf Jahren von seinen Eltern geschenkt bekommen hatte, trug er wieder. Sie seien in Mode.

Ein anderer beriet Professuren in Sachen Soundscapes und pendelte zwischen Zürich, London und Berlin.

Ein anderer warf ihr vor, kaltherzig zu sein, und zeigte sich entrüstet über seine vollkommene Fehleinschätzung, was sie betraf. Er entschuldigte sich später für die ganzen Anrufe.

Wieder ein anderer trug ein T-Shirt mit dem Aufdruck »Break her bed, not her heart«.

Insgesamt eine Vereinigung an Männern, die, sollten sie jemals zusammenfinden, die Karten ihres Körpers ausbreiten, ihre Notizen austauschen und zu keiner Übereinkunft finden, aber darüber beraten würden, wie weit sie jeweils bereit war, für sie zu gehen. Sie würden sehen, sie hätte eine Vorliebe für Musiker, Lehrer, auch Architekten, für Wortgewandte, Arbeiter, Verlegene, letztlich Unerreichbare.

Was sie die ganzen Jahre gemacht habe?

Sie habe gearbeitet, ihr Studium verfolgt, nebenher darüber nachgedacht, wen sie bereits geliebt habe und wen sie wiederum zu lieben wünschte und wie sie an manchen Tagen angesichts der vielen ungelebten Lieben kaum zu einer weiteren Bewegung mehr fähig schien.

In Wirklichkeit verrichtete sie ständig Dinge:

Sie glich ihren Körper mit dem anderer Frauen ab.

Sie dachte an bestimmte Socken.

An einen Tee.

Ein Haus im Stillen.

Anne Carsons Versuche, auf dem Jakobsweg nach Santiago de Compostela zu gehen (ihre ersten Sätze: »Water is something you cannot hold. Like men. I have tried.«), die mit dem Geologen abgelaufene Strecke des Weges und der von Seka später beim Spaziergang geäußerte Wunsch, das letzte Drittel alleine zu laufen. Seine Frage, ob sie die Einsiedelei, da nah am Wohnort ihres Vaters, umgehen würde, beantwortete sie damit, eine andere Strecke zu wählen. Sie würde den Rucksack packen, für ein paar Tage unterwegs sein, in verschiedene Gasthöfe einkehren und so fort.

Der von ihr in der siebten Klasse abgebrochene Kilometerlauf, im Wald, kurz nach der Verenaschlucht, als habe ihr Körper damals nicht die notwendige Verfassung gehabt.

Später auf derselben Seite noch: »Anthropology is a science of mutual surprise.«

Sie stellte sich vor, wie es wäre, darüber zu lesen, dass ein Leben mit Mann nur zulasten des Intellekts geführt werden könne, und sah bereits, wie sie zustimmend nickte. Die Fähigkeit, zu lieben, schien ihr eine Mehrheit der Tage genauso beliebig wie die Tatsache, vom Glück (Novalis' Wunsch, seiner Sophie »nachzusterben« etc.) ausgespart zu bleiben. Mehrfach kam sie zum Schluss, andere zeigten eine in ihren Bewegungen bereits inhärente Zugewandtheit zum Leben, verfügten über die Attribute, derer sie nicht fähig war: lieblich, begehrenswert, interessant zu sein, mit den Jungs gesprochen: »hot«.

Mit Novalis: eine sittliche Grazie zu sein.

Gottgeschlagen schließlich eines Morgens der Gedanke, jede eigene Handlung in Liebesdingen hätte sie bisher enttäuscht, weswegen sie jede weitere strikt unterlassen würde.

Dann die auf ein Kissen, das achtlos in der Bahnhofsunterführung lag, gestickten Worte »Love heals«, deren Anblick ihr beim weiteren Gehen heiße Tränen entlockte.

Wie hieß es noch mal bei den Evangelikalen?

»Jesus died for you.«

Was also jetzt?

Ein Verlangen nach körperlicher Übereinkunft.

Sozusagen weltlicher Art.

Indessen bei Handke: »Leibliche Liebe: sich einfädeln ins Geschehen«.

Es wurde kälter.

Seka war zurück in Zürich und lag bäuchlings im Wasser.

Vor ihr schwamm jemand, der viel zu langsam war. Gegen einen eitlen Kopf halfen Spaziergänge, half Sport. Zuhause fiel eine blaue Hose mit Gummibund an ihren Beinen hinab.

Sie wartete auf einen Anruf ihrer Mutter, um zu hören, dass ihr Vater gegangen sei, und wohnte dabei einem weiteren Ritual aus ihrer Kindheit bei: Als auch nach einer Stunde kein Anruf kam und die Nachrichten nicht zugestellt wurden, kamen die Bilder von früher. Man sah, wie er sie würgte. Als man bereits die Nummer der Polizei wählte, nicht sicher, was man sagen sollte, schrieb die Mutter eine Nachricht mit Fehlern: »Srry. Ale gut. Was ist?«

Was ihr Vater erlebt hatte, widerfuhr auch anderen.

In den Büchern las sie etwas von »Secondos«, die »Overachiever« seien, und vom Schweinefleisch, das sie nicht aßen. Sie las Berichte von Diasporastudien, fragte sich, was diese über die Leben der Menschen, die sie kannte, aussagen konnten. Als wäre nicht schon der eigene Name Distinktion genug.

Als fehle bei Entgegennahme eines Anrufes die Überzeugung, den eigenen Namen laut zu sagen.

In den Notizen las man von »Situationen«, die »keine Veränderung kennen«, vom »Warten« und vom »Tod«.

Ihr Vater?

In der Datei, vor dem Laptop sitzend, sah sie ihn sterben, im Krankenhaus, auf einer Bahre, in einer Ecke auf dem Linoleumboden, an einem Herzinfarkt, an der Abwendung seiner Kinder. Hier war er kein Logistiker, Stapelfahrer, kein Hauswart, fuhr keine Toiletten auf Baustellen aus, war lediglich ihr Vater, ein einsamer Mann, dem der Einfluss auf die Welt entglitt.

Wohl in Zusammenhänge jener Art geworfen, die weder er noch sie jemals verstehen würden.

Beim Wort »intellektuell« dröhnte ihr gleich sein Vorwurf in den Ohren: Ihre Mutter halte sich für was Besseres. Nie war es einfacher für ihn, den Grund für den eigenen Unmut in anderen zu finden.

Seka saß in Seminaren, in denen Sachverhalte ausgehandelt wurden, die einzig unter der Voraussetzung, dass geregelte Lebensbedingungen vorherrschten, erbracht werden konnten.

»I keep wondering, where have all the good friends gone? But so be it. And how's my Benjo doing? Does he ever ask about his grandfather? I missed him so much. Today's the 18th day since I was deprived of my freedom. But to me, it seems like a whole eternity.«

Sie näherte sich Omarska vom wissenschaftlichen Betrachtungspunkt aus und schrieb ein Paper, das in der Mail-Flut ihres Dozenten verschwand.

Die Folter hatte keine Regel, wer wann an der Reihe war, entschied der Zufall. Die Männer in Omarska, die, so las sie, in Hangars untergebracht wurden, warteten darauf, was geschehen würde. Die Offiziere machten, was sie wollten, oft reichte nur ein Zucken mit dem Kopf, womöglich ein falscher Satz. Im Grunde hatte es für ihre Gefangenschaft ausgereicht, kurz nach ihrer Geburt beschnitten worden zu sein.

»Is it to be that life is so unpredictable and so brutal? I remember how this time last year we were rejoicing so much over building a house, and now see where we are.«

Omarska war heute, neunundzwanzig Jahre nach der Schließung des Lagers, ein Ort der Lebenden und der Toten, ein Ort mit zahlreichen grünen Wiesen und unscheinbar, ein Ort, an dem die überlebenden Opfer und ihre Familien Seite an Seite mit ihren ehemaligen Unterdrückern lebten.

»As for Amir, tell him to stay with Orhan. And if, God providing, all this settles down one day, then you should go to him.«

Ein Brief datiert auf den 9. Juni 1992 in Banja Luka.

Mit Büchern auf dem Schoß saß man in Wartezimmern und wartete auf Befunde. Entdeckte Bücher von Duras, die hießen: *Blaue Augen, schwarzes Haar*. Man arbeitete im Callcenter und verkaufte Kaffee, später Tiegel mit Kosmetik, las Sätze wie »Gemeinsamkeiten zwischen Frauen verschiedener Klassen und Schichten« etc. Man glaubte nicht an Betonwände, an keine Vororte, nicht an den Geruch von Basketball und an den Anblick roter Sportplätze, auf denen man sich als Kind herumgetrieben hatte, nicht an Drogenkriminalität, weder Angst noch Neid, nicht an Erzählungen. Auch nicht an Glück, das man hatte oder nicht. Auch nicht zwingend an Möglichkeiten. Man traute keiner Sensation, auch keinem Wohlgefühl, traute niemandem.

In der Kabine zwischen Warteraum und Untersuchungszimmer hing ihre Kleidung. Unter anderem ein Büstenhalter. Sie zog ihn an und kleidete ihre Brüste, mit einem Pflaster versehen, vorsichtig ein. Die Lasche des Büstenhalters war vom vielen Waschen weiß geworden. Neben dem Stuhl stand ein kleiner schwarzer Koffer. Sie hatte ihn für das Studium gekauft, das ständige Hin und Her, die Fahrten zwischen den Städten. Es war ein kleiner Koffer, er war nicht groß. Er rollte durch das Gebäude am Johannisplatz Leipzig, die Nummer eins, gleich bei der Universität, gegenüber einem Hotel, in dem er Seminare und Tagungen betreute. Die Praxisklinik, die sie im Internet rausgesucht hatte, lag zentral, sie wartete in der Schlange der Radiologie, der Kardiologie, der Tumore im Herzen, den Gehirnen, der Brust. Sie musste auf Toilette. Sie wusch sich als Erstes die Hände, drückte die Spülung, im Abfluss Restblut, und setzte sich dann hin auf die noch warme Klobrille.

Sie blickte in den Spiegel und entfernte das restliche Gel von den Brüsten, das noch von der Untersuchung an ihr klebte, und warf die feuchten Papiertücher in den Mülleimer. Die Ärztin sagte, die Proben würden in die Pathologie geschickt. Man erwarte den Bescheid kommende Woche. Sie werde kontaktiert. Telefonisch. Oder per Brief. Was ihr lieber sei? Sekas Antwort kam eher gegen den Mund getaumelt als gesprochen.

Kinder, wohin man auch sah.

Sie schossen den Fußball gegen das Garagentor. Das Tor
schepperte bei jedem Aufprall. Eines schönen Sommers hatten die Besitzer des Supermarktes im Erdgeschoss beschlossen, den Fußboden neu zu gießen. Sie versahen das Haus,
in dem sie beide mal gewohnt hatten, über Tage hinweg mit
solchem Gestank, dass man Kopfweh kriegte und meinte,
sich zu vergiften. Der Laden warb ein halbes Jahr lang bei geschlossenen Türen und zugeklebten Fenstern mit seiner bal-
digen Neueröffnung, die nie kam, bis sie im Winter wider
Erwarten plötzlich da war. Den Eingang zierten Luftballons,
vor denen man ein Bild schoss, um dem Ereignis den gebotenen Ausdruck zu verleihen.

Da waren schließlich auch irgendwo noch diese Tischtennis-
platten.

In seiner Küche stapelte sich das Geschirr, dessen Abwasch
einen halben Tag in Anspruch nahm. Abends, wenn seine
Freunde da waren, zerschossen sie die halbe Wand mit Dartpfeilen, verfehlten die Scheibe. Vielleicht wohnte er noch am
selben Ort, saß noch am Fenster und schaute auf den Innenhof, in den sie im Winter einen Papierflieger hatten fliegen
lassen.

Am selben Tag, als er sich »Ok« auf den Rücken stechen ließ,
rief ihr ein Mann aus einem Auto zu, sie solle etwas langsamer laufen, wohin sie denn wolle. Sie stürzte auf der Straße,
war mit den hohen Schuhen über einen Pflasterstein gestol-
pert, das Pflaster, das in Berlin nach dem Krieg so uneben
verlegt worden war. Wann immer sie ihm die Haare mit dem

Rasierer schnitt oder half, den Nacken auszubessern, zog er sie damit auf, dass sie zum Waschbecken »Lavabo« sagte. Sie legte seine Pullover zusammen, riet ihm zu einem bestimmten Regal und zur Ordnung und wusste nicht, was man dagegen einwenden konnte, wenn jemand beschloss, einen nicht mehr zu lieben.

Er schloss am späten Vormittag die Tür auf und erklärte ihr, bei einer anderen gewesen zu sein. Er wollte duschen und sich danach zu ihr ins Bett legen, um mit ihr zu reden, stattdessen aber lagen sie beide da, in enger Umarmung, und weinten. Wann immer er weinte, so verstand sie später, tat er es nicht aus Reue. Er weinte, weil er sich selbst leidtat.

Es waren Stunden, in denen man die Wohnung abschritt, die Teller vom Abendessen spülte, die Pfannen aufeinanderstapelte und das Küchentuch, mit dem man die Gläser abtrocknete, wieder zusammenlegte.

In den Handflächen eines jungen Mannes, der zwei, drei Sitze weiter vorn saß, lag ein kleiner Koran. Vor den Fernstern zogen weite Kornfelder an ihnen vorüber. Sie saßen im Bus von Berlin nach Leipzig. Seka hörte, wie er die Sure der Al-Fatiha leise gegen seine Hände sprach. Sie gab vor, auf Toilette zu müssen, schloss sich ein, wartete jede Sekunde, bis es heiß werden, der Druck sie zerreißen würde, setzte sich, als sie sich beruhigt hatte, wieder zu ihrem Freund und sagte, ihr sei etwas schlecht, sie hätte beim Fahrer ein paar freie Sitzplätze gesehen und würde sich dorthin setzen. Sie fragte ihn nicht, ob er mitkommen würde, wusste, er würde es nur widerwillig tun. Dennoch folgte er ihr und sprach ihr gut zu, als sie sagte, sie hätte ein komisches Gefühl, ihr würde heiß werden inmitten dieser von der Abendsonne rosa gefärbten Felder, dieses so flachen Ostens, inmitten all dieser Menschen, die ihr zu nah waren und mit denen sie, so war sie überzeugt, gleich sterben würde, jeden Augenblick. Sie dachte ans Sterben, im Abendrot, und an ihre Mutter, ihren Bruder, als sie immer weniger Luft bekam. Bei der Leipziger Messe stiegen sie aus. Auf dem weiten Parkplatz stand sie und war froh, am Leben zu sein, und im selben Augenblick beschämt, ihrem Freund so gegenüberzustehen, der zum ersten Mal mitgekriegt hatte, wie es war, mit ihr zu sein.

Eine bosnische Frau sang über gebrochene Herzen, zeitversetzt tat es ihr ein Imam gleich, der in der Mitte eines mit weißen Fliesen ausgelegten Raumes stand, mit einer Jogginghose unter dem Gewand, in einem Bunker in Biel, ein, zwei Stockwerke unter dem Tageslicht, und über innere Einkehr herzog. Beide boten Trost und Zuflucht. In der Mimikry der Wissenschaft, in einer Art Versteckspiel, in dem sie sich hinter verklausulierten Begriffen verbarg, hätte Seka der Sängerin wie auch dem Imam eine Deutungshoheit über die Leben vieler einsamer Männer in Europa zuschreiben können, so etwa auch über ihren Vater.

Sie las in ihren alten Notizbüchern von der Maserung des Holzes in den Bergen, vom Wasser in den Schwimmbädern, von Felssprüngen, tiefen Einschnitten, glatten Kanten und Steinschichten, von Autobahnen, Raststätten, von Fahrten, Radiosendern, von Versuchen, etwas zu finden, was man hören könnte: »Vergiss es, auf dieser Strecke ist es hoffnungslos«, von Radio Energy, der »Berner Provinz«, von Adele und den Träumen ihrer Mutter und ihren Tränen, von der Ruhe, die von den warmen Holzdielen ausging, vom Geruch, der Far-

be, von Tiefgaragen, Benzingestank, den Skiern und Winter-
reifen, dem Reißaus-Nehmen einfacher Tage, der Not, raus-
zufahren nach der Trennung, ins Berner Oberland, in ein
kleines Dorf, vom Schwimmengehen.

Seka stand in Zürich am See.

»It is inconceivable for me all this that is happening to us.«

Sie ging ein paar Schritte. Ein Schiff fuhr vorüber. Sie stand am Steg. Sie hatte eine halbe Stunde im Regen gestanden, wollte ans Deck, hatte gewartet, dass das Schiff näher kam, und stellte nun fest, dass sie am falschen Steg stand. Sie sah es vorüberziehen. Es regnete immer noch. Sie zog den Mantel fester um sich und atmete ein-, zweimal die frische Luft durch die Nase ein, sodass sich ihr Brustkorb hob.

»Q. Dr. Cehajic, when did you receive the letter that was written by your husband?

A. It could have been August. Most probably after the closing up of the camp. When that young man came out, he didn't – well, probably in August, in the second half of August, some time before my departure. I just remembered that I did not know about this letter at the moment I had left to Banja Luka, so it must have been towards the end of August.«

Geblieben waren der Geruch des klebrigen Haarwachses an den Händen, ein kleiner Ohrring auf dem Waschbecken neben der Zahnbürste, kleine Dinge, unwesentlich.

»But throughout the war, whenever I saw someone, I asked questions, thinking that my husband might be alive until the end of

the war. Then I realised that if he had been somewhere, that he would have come, and this was the end of my trying to find him, to locate him.«

Auf der Website des Internationalen Strafgerichtshofs für das ehemalige Jugoslawien:

»Minka Čehajić, eine bosnische Kinderärztin, sprach über ihre Suche, wie sie versuchte herauszufinden, was mit ihrem Mann passiert war, nachdem sie ihn im Mai 1992 zum letzten Mal gesehen hatte. Sie sagte in Den Haag am 14., 15. und 16. Mai 2002 im Verfahren gegen Milomir Stakić aus.«

Es blieben der Geruch von frisch gemähtem Gras und der ab- und zunehmende Lärm des Rasenmähers.

Seka stieg in den Zug, sie hatte eine Nachricht von ihrer Mutter erhalten und sah ein Bild von Škofljica, die Aufschrift auf der Tafel. Ihre Mutter schrieb, sie sei bald wieder in der Schweiz. Auf einem weiteren Bild sah sie Majka neben ihrer Schwester stehen, zum ersten Mal jung, ohne das zuzügliche Alter, ohne die Kinder, die sie später gebären würde, sie schaute geradewegs in die Linse der Kamera, ohne Scheu und ohne Scham, mit ebendiesen Grübchen im Gesicht.

Lange Haare überlebten in der Familie keine Jahre, wurden sie doch für die praktische Handhabung kurz geschnitten.

Vor Einfahrt in den Berner Bahnhof, mit dem Speichel am Jackenärmel, mit dem sie sich die Rückstände des Schlafes wegstrich, sah sie die Fassaden des Breitenrain so dicht an den Gleisen stehen, dass sie Blick ins Innere der Wohnungen gewährten. Sie legte ihre Hände auf das Zugtischchen und lehnte den Körper vor. Im entscheidenden Moment wurde ihr die Sicht auf die Alpen von einem anderen Zug verdeckt.

»Milomir Stakić was sentenced to 40 years' imprisonment.«

Anderntags sah sie einen Mann, seine Hände lagen ruhig gefaltet auf der Tischdecke, während der Zug in den Tunnel fuhr, sie hörte ihn sich mit seinem Kollegen über ein anstehendes Treffen unterhalten, für das sie aus Graubünden nach Bern fuhren. Sie hatten sich im Speisewagen einen Kaffee bestellt. Ihren Uniformen nach arbeiteten sie im Nationalpark Graubünden, waren Förster, Wildhüter, Biologen (alles denkbar).

Es war, als ob sie beim Anblick dieser beiden wusste, wohin sie wollte, in den Nationalpark und ihnen bei ihrer Arbeit zusehen, es war, als ob sie sehen müsse, was es hieß, etwas zu wahren.

Es habe einen erneuten Anruf gegeben.

Froh darüber, dass ihre Mutter den Anruf nicht entgegengenommen hatte, wusste sie zugleich, dass er, weil er niemanden erreichen konnte, vorbeikommen würde. Seka setzte sich am Flussufer auf eine Bank. Zehn lange Jahre. Sie überlegte, ob sie und wie sie ihm gegenübertreten würde. Sie übte zu laufen, die Treppe runter, den Gang. Sie ging unbeirrt weiter, bis sich ihr das Weitergehen versagte.

Sie führte Gespräche mit sich selbst, während sie die Aare entlanglief, übte, was sie ihm sagen würde. Sie wusste, sie würde auf Deutsch sprechen müssen, würde ihrem Vater vor Augen halten, nicht mit ihm sprechen zu können.

Sie strich sich die vom Regen verklebten Haare aus dem Gesicht und sah einen Sturm aufziehen, hörte es grollen und ging weiter bis zum Altenbergsteg, verlagerte im Gehen gleichmäßig das Gewicht von einem Fuß auf den anderen. Während sie am Fluss entlangging, sah sie, dass der Sommer Einzug gehalten hatte. Sie hörte das Rascheln der Zweige, die sich dem Wind beugten, sah die Aare fließen, die braun geworden war, und zog daraus den Schluss, dass der Sturm ein starker werden und der Fluss in ein paar Stunden Baumstämme aufschwemmen würde.

»He planned and ordered the deportation of around 20,000 primarily non-Serb residents from the Prijedor municipality.«

Sie rief ihren Bruder an und warnte ihn. Er solle die Kissen vom Balkon nehmen und die Fenster schließen. Nein, Cornflakes würde sie keine mehr kaufen können, die Läden hätten schon zu.

»He actively participated in the establishment of the camps Omarska, Keraterm and Trnopolje where detainees were subjected to serious mistreatment and abuse which amounted to torture, on a daily basis [...].«

Sie war der Schweiz entwachsen. Sie spürte kein Aufbegehren mehr. Sie sah ihre Mutter bei den Gleisen stehen, bleich von den Schmerzen in ihrem Bein, mit Krücken an ihren Händen. Ihre Mutter war müde. Sie setzten sich in die nächste Bar und bestellten ein Bier. Als sie von der Beerdigung ih-

res Vaters erzählte, Ramiz' Beerdigung, von der Verwandtschaft, Amirs Mutter, die zu zittern anfing, den buntgestreif-
ten Socken, sah Seka ihre Mutter, als sie über die Socken erzählte, lachen. Seka erzählte ihr von ihrem Ausflug in die
Berge.

Wie ihr dreiundzwanzigster Geburtstag gewesen sei etc.

Die Großmutter lasse die Hühner mittlerweile gar nicht mehr
aus dem Stall. Um das Haus hätten sich drei Füchse geschli-
chen. Sie habe Angst, es seien Wölfe, denn das rote Fell sei
eher grau gewesen. Sie warte nun, bis jemand mit einer Pistole vorbeikomme und dem Theater endlich ein Ende mache. Den Bruder habe sie auch schon gefragt, aber das sei
»wohl nicht so ganz sein Metier«.

Seka zeigte ihrer Mutter ein Foto. Es war das von der Raststätte, mit bläulicher Färbung, leicht überbelichtet. Darauf
waren ihre Mutter, ihre Tante, Amir und seine Eltern zu sehen. Man hatte alle Türen der Autos geöffnet, um zu lüften.
Im Geruch des Benzins vertrat man sich die Beine. Nur ihre
Mutter stand etwas abseits. Seka fragte, warum sie so abseits-
stehe. Sie habe auf dieser Fahrt zum ersten Mal ihre Tage bekommen und eine helle Hose getragen.

Der Himmel wie ein geglättetes Tuch.

Sie stiegen in die Tram und fuhren nachhause.

Eine Lichtung vor dem Hintergrund einer fernen blauen
Bergkette.

Ein weiteres Bild.

Majka steht nach dem Tod von Ramiz im Garten, hinter ihr ein Tal mit einer Reihe Häuser, alle mit roten Dächern, eines davon mit zwei Minaretten. Der Birnbaum in der rechten vorderen Hälfte des Bildes steht im Abendlicht. Über einen Besenstiel wurde ein Handschuh gestülpt. Das Tuch auf der Krone des Kopfes zugeknüpft. Sie trägt eine karierte Hose, hat den Blick zu den Hühnern gerichtet. Mit einem Stock in der Hand treibt sie die Hühner in den Stall.

Sie ging nur ein, zwei Jahre in die Schule. Kurz vor der Rente machte sie einen Kurs, lernte schließlich im Alter von vierundsechzig Jahren Schreiben und Lesen.

Nena Vasvija, geboren 1937, blieb Analphabetin ihr Leben lang. Sie hatte gerne und gut nähen können, von Hand, aber auch mit der Maschine der Nachbarschaft ihre Kleidung genäht. Sie wurde jung Witwe, arbeitete mit ihren zwei Kindern in Aufbauaktionen der Partisanen, heiratete erneut, um sich »aus der Schusslinie« zu bringen. Einen Omer aus Belgrad, der in einem Heim aufgewachsen und eine Maschinenbaulehre absolviert hatte und in Folge sie und ihre Kinder schlagen würde.

Ihr erster Mann sei im Militärdienst an einer Krankheit gestorben, die Ursache sei unbekannt, man munkelte, sie sei vertuscht worden.

Der zweite vor den Augen ihrer erwachsenen Söhne erschossen.

In Besançon würde sie auf einem ihrer Spaziergänge ausrutschen und sich die Schulter brechen.

Auf einem letzten Foto wendet sie ihr Gesicht einem kleinen Kind zu, das sie in ihren Armen trägt. Sie winkt in die Kamera. Das Kind ist Seka.

Zumal man nur diejenigen nehmen durfte, die beinahe von allein in die Hand fielen, erinnerte sich Seka an eine Schale Beeren aus Majkas Garten in Bosnien, die sie falsch pflückte, die Brombeeren, welche die Nägel und Fingerkuppen blau färbten. Wie sie deswegen von ihrer jüngeren Cousine ausgelacht wurde, die sich wenige Wochen später an ihrem achtzehnten Geburtstag vor aller Augen verloben würde und beim Essen der Beeren noch sagte, diejenigen, die ihre Großmutter pflückte, und die, die Seka sammelte, klar voneinander unterscheiden zu können. Die sauren wären die von Seka.

Eine ideale Weintraube sei eine, so las sie mal, die sich leicht zerdrücken lasse.

Oder in den Worten von Anne Carson: Die Weintraube sei im Laufe der Geschichte ein Symbol der Lust und Freude, um nicht zu sagen, eine Analogie für die Braut als unbeschnittene Blüte geworden (*The Beauty of the Husband: A Fictional Essay in 29 Tangos*, Seite 29).

Daher in diesen Zusammenhängen auch der Gebrauch des Wortes »Defloration«.

Wenn auch eine Traube nicht dasselbe wie eine Beere war.

Wenn auch die Idee, dass etwas kaputtginge, sich als falsch erweisen würde.

Sie würde lesen, Liebe mache weder sanft noch freundlich, entfalte lediglich eine Karte.

Oder wie Anne Carson, die mit ihrem *emperor* mit dem Auto durch Kansas fuhr, so gut sagte:

»I navigate us across Kansas and into a large ruined area where crumpled fenders and auto parts are lying about. It is hard to find the exit. ›Women don't know maps, I never met a woman who could read a map,‹ says the emperor. Well I haven't been a woman for long, I will keep working on maps.«

Auf die Frage, weshalb keine Schweizer die Arbeit verrichteten, antwortete ihr eine Bäuerin, die unter einem Holzvordach im Emmental an einem regnerischen Tag mit einer Messerspitze ihre Pilze putzte und manchmal unter dem Zittern ihrer Hand etwas zu viel erwischte, sie hätten damals keine Schweizer gefunden für ihren Hof, die seien alle in die komfortableren Industrien abgewandert.

Bis zum Mauerfall würde Jugoslawien die meisten Arbeiter für die Schweizer Landwirtschaft stellen. Im Rahmen der »Kollektivierungen« fand man Wege, Menschen aus ruralen und strukturschwachen Regionen zu beschäftigen, andere würden sagen »loszuwerden«, vorzugsweise Analphabeten oder all jene, die nicht Mitglieder der Partei waren, keinen Anschluss in den Betrieben fanden, oft auch Dissidenten, Muslime.

Die seitens des Bauernverbandes geglückten Anwerbeaktionen zogen Nachahmer an, es folgten auch andere Branchenverbände wie Hoteliervereine und ab 1970 das Baugewerbe.

Über den Berner Hotelverband kamen ihre Großeltern.

Das zu verstehen hatte sie viele Jahre gekostet, aus heutiger Sicht lächerlich lang gedauert, um das, was zwischen den Vorlesungen nicht zur Sprache kam, wenn auch in anderen Zusammenhängen, anderen Höfen und Stätten der Arbeit, anderen *Plantagen* verstrickt, miteinander in Beziehung zu bringen.

»Erntehelfer« arbeiteten in Schweizer Molkereien, Glasereien, Gärtnereien.

Was sie von ihrem Vater habe?

Lediglich den guten Orientierungssinn.

Das, was sie und ihren Vater noch verband, war die Einsamkeit, die ihnen niemand mehr nahm. Sie war das, worüber sie verfügten, der Raum, in dem sie sprachen, woran niemand Anteil genommen hatte, sie gehörte nur ihnen und in ihr waren sie zurechnungsfähig, vernünftig und gesund geblieben, wohlbehalten, solange sie fähig waren, diese auszuhalten.

Man hatte gesagt: »Ich liebe dich.«

Es war Frühsommer, als man sagte, man habe wieder was mit einer anderen gehabt.

Man hatte zu lügen gelernt.

Man weinte seine letzten Tränen gemeinsam im Januar bei Eiseskälte auf Höhe Elisabethstraße, dort, wo sie sich mit der Ludwigstraße kreuzte.

Es lag noch Alkohol in der Luft, im Atem, als man sagte, es ginge nicht mehr so weiter.

Man war damals ein paar Schritte gegangen, für einen Spaziergang war es im Leipziger Winter zu kalt, und ging dann doch rein.

Es war die Wohnung.

Man fragte sich noch, warum er duschte. Normalerweise fiel er, wenn er so spät nachhause kam, gleich ins Bett.

Es war die Straße.

Man hatte darauf gewartet, dass sich sein Gesicht verändern und ein Lächeln die Spannung brechen würde.

Es war kalt, als man sah, wie sehr er sich schämte, als man sagte, er solle sich hinlegen und schlafen. Die Heizung in der Wohnung funktionierte nicht. Um sich zu wärmen, lagen sie dicht nebeneinander. Als er seinen Arm um sie legte, wollte sie das Geschehene ungeschehen machen. Jede bis dahin geläufige, übliche und normale Bewegung wurde unmöglich. Sie konnte sich nicht zu ihm umdrehen und die Wärme seines Körpers nicht suchen und wollte dennoch wieder in die vertraute Umarmung zurück, als müsste sie wissen, dass alles in Ordnung war.

Als sie ihm Monate später über den Weg lief, war es, als habe sie das Gesicht gewahrt. Nicht mehr, nicht weniger. Sie merkte, wie viel in angeblich gelassenen Bewegungen noch in ihr nachzitterte. Mit welcher Sturheit doch das Unternehmen des Gutaussehens betrieben wurde, als würde man sich aufrichten, hermachen, nur für wen und für was.

Jeder klare Satz müsse für Misstrauen sorgen. Jeder suggerierten Klarheit misstraut werden. Jeder kausalen Darbietung, jeder Rechtschreibung, jeder Ordnung, weil man um ihre Lüge wusste.

Jeder Ahnung von Geschichte könne abgesagt werden, jedem Blatt, jeder Vergangenheit.

Die Schmerzen hätten einen umgebracht.

Man lebe nur noch in Erinnerung, hieß es, diese sei es, die einen schmerzte, diese sei es, die störte und riss.

Man werde nur noch von Knochen gehalten.

Im Schmerz bleibe das letzte Archiv eines Selbst erhalten.

Es ist Sommer, und ihr Vater hält ein Eis in der Hand. Er trägt eine Kappe auf dem Kopf.

Ein weiteres Bild.

Es ist Frühling beim alten Haus in Kozarac, das zum Zeitpunkt der Aufnahme noch nicht in Brand gesetzt wurde.

Man erschrak zu Neujahr vor Raketen.

Es war kurz vor Ende des Schuljahres auf dem Gymnasium, als auf der Wandtafel in geschnörkelter Schrift stand: »Bitte Stühle im Gang vor 1a nehmen. Danke.«

Man sagte: »Merci vielmals.«

Es war Sommer, als die Hand des älteren Bruders, ihres Onkels, auf den Schultern ihrer Mutter ruhte, noch keine zehn Jahre alt, vor dem Hotel-Restaurant im Berner Oberland, vor einer Vielzahl gelber und roter Peugeots und hellblauer Trabis.

Man sah den Stolz des Vaters, als er einen roten Traktor kaufte.

Es war Herbst, als ihr Onkel, auf einer Bettkante sitzend, mit seinem besten Freund Bier trank und die Beine ausstreckte. Im Hintergrund das Plakat eines roten Motorrads. Die Frisur zu einem Vokuhila geschnitten.

Man lernte, Autos zu frisieren.

Sie öffneten die Tür.

Ihre Mutter ließ den Rucksack zu Boden fallen und lehnte die Krücken an die Wand. Seka rief nach ihrem Bruder, um sich zu vergewissern, dass er noch lebte. Sie wartete auf seine Stimme. Sie lief durch die Wohnung und sah aus dem Fenster auf die Stadt. Ihr Bruder war im Zimmer, schlief noch. Seka setzte heißes Wasser für einen Tee auf, als es klingelte.

Man hatte Lügen gestreut, die hießen »Ich« und »Erfahrung«. Zu ersetzen auch mit »Erinnerung« oder »Leben« oder »Trost«.

Man hatte Liebe erfahren, wurde in den Arm genommen, wurde zum Lachen gebracht, hatte das erlebt, wofür es das Schreiben nicht mehr lohnte.

Mit dem Schellen der Klingel erschrak man und lief vorsichtig zur Tür.

Es war Herbst, als man nicht mehr zur Schule ging, aus Angst, er könne auf einen warten.

Es war Frühling, als man Obhut in einem Frauenhaus suchte.

Es war Sommer, als man in Angst lebte, er könnte einen anrufen.

Es war wieder Sommer, der erste Sommer ohne ihn, als man in Montenegro die Strandpromenade entlangging, Seka Aleksić aus der Ferne hörte und das Meer roch.

Es war Winter und Herbst, als man in eine neue Stadt zog.

Es wurde Sommer und Frühling, jede Jahreszeit beliebig, als man den Wohnsitz änderte.

Auf einer letzten Aufnahme die Worte von Majka, die von ihrer Ankunft in der Schweiz erzählte und sagte, es sei ein Tag gewesen, den sie nie vergessen würde. Es sei der 9. Januar gewesen, 1971. Eine Reise ins Ungewisse, wie sie sagte, ahnungslos und ohne die Sprache zu sprechen, lediglich mit einer Karte gewappnet, standen sie, wie sie sagte, bei einem »Taxista«, einem Taxifahrer auf dem Vorplatz des Bahnhofes in Bern, der sie nur schwer verstand. Bei ihrer Ankunft im

Gasthof wurde ihnen mitgeteilt, die Besitzer seien nicht da. Den Grund würden sie erst später verstehen: Sie waren mit dem Auto nach Bosnien gereist, um sie abzuholen.

Heute sprach aus der Leerstelle der eigene Vater.

Man hatte ihn nicht getötet.

Er war wieder da.